高校健美操教学与创新

徐 吉◎著

西北工業大學出版社

西 安

【内容简介】 高校健美操教学的开展，既锻炼了学生的身体素质，也丰富了他们的审美感受，满足了寓教于乐的高校体育教学发展目标。本书深入分析了当前高校健美操教学模式，深刻阐述了高校健美操教学模式创新的现实意义，并就如何开展高校健美操教学模式创新的问题展开了相关探讨，以推动高校健美操教学的创新发展，推动高校体育教学事业的整体进步。本书适合于高校体育类专业师生阅读。

图书在版编目（CIP）数据

高校健美操教学与创新/徐吉著 —西安：西北工业大学出版社，2023.2

ISBN 978-7-5612-8648-7

Ⅰ.①高… Ⅱ.①徐… Ⅲ.①健美操－教学研究－高等学校 Ⅳ.①G831.32

中国国家版本馆CIP数据核字（2023）第042989号

GAOXIAO JIANMEICAO JIAOXUE YU CHUANGXIN
高校健美操教学与创新
徐吉 著

责任编辑：蔡晓亮 装帧设计：李 兵
责任校对：曹旭燕
出版发行：西北工业大学出版社
通信地址：西安市友谊西路 127 号 邮编：710072
电 话：（029）88491757，88493844
网 址：www.nwpup.com
印 刷 者：西安真色彩设计印务有限公司
开 本：787 mm×1 092 mm 1/16
印 张：11.75
字 数：211 千字
版 次：2024 年 1 月第 1 版 2024 年 1 月第 1 次印刷
书 号：ISBN 978-7-5612-8648-7
定 价：79.00 元

前　言

健美操是在特定音乐伴奏下高频率、大幅度地完成动力性和静力性动作的，集形体美、舞蹈美、音乐美于一体的一种综合性运动项目。它以热情、奔放、激昂等特有的体育魅力，吸引了成千上万的爱好者，尤其是深受女大学生的喜爱。可以预言，它的全面推广与普及必将带来体育健身运动的一场新的革命。

在21世纪的今天，健美操运动在我国有了更加普遍的开展。无论是体育健身俱乐部中的各式健美操课程，还是学校体育教学中的健美操课程，都广受欢迎，这说明这项运动具有更强的普适性。与其他竞技性较强的体育项目相比，健美操还具有艺术性的特点，因为它是从表演型的体育项群中分化出来的。基于以上特点，无论是在大众健身领域，还是在竞技体育领域，健美操都有其开展的价值。

健美操运动发展至今，已经形成了一项产业，有关健美操的运动产品不断出现，包括教学书籍、视频、套图、饮食、服装、器材等。健美操运动具有的多种功能为人们带来了良好的身心体验，使人们能够切实地从中获得健身效益。然而，随着健美操运动的发展，人们对健美操技术的科学训练与相关活动的开展就提出了更高的要求。为此，特编写《高校健美操教学与创新》一书，以期为健美操运动的发展及实践教学提供指导。

笔者在本书撰写过程中参考了一些专家和学者的研究成果，在此表示诚挚的谢意。

由于笔者能力有限，书中难免存在不妥之处，敬请广大读者批评指正。

著　者

2022年5月

目　录

第一章　健美操运动概述

第一节　健美操运动的起源与发展

健美操是融体操、舞蹈、音乐为一体，以有氧练习为基础，以健、力、美为主要特征，以健身美体、陶冶情操为目的的一种追求人体健与美的锻炼手段。通过徒手、手持轻器械和专门器械的操作练习，达到健身、健美和健心的目的，具有竞技性、娱乐性和观赏性等特征。2005 年，国际上将健美操统一命名为 Aerobic gymnastics（竞技健美操）。

一、健美操运动的起源

最早的健美操，可以追溯到 2000 多年以前。那时，古希腊人十分喜欢通过跑、跳、投掷、柔软体操以及健美舞蹈等很多体育项目对人体美进行锻炼，认为世界万事万物之中，最完美的就是健美的人体，他们对于人体美的喜欢闻名世界，提出了“体操锻炼身体，音乐陶冶精神”的主张。

古印度很早流行的瑜伽术，是把姿势、呼吸和意念紧密结合起来，通过摆正姿势、调整呼吸、意守丹田，运用意识对肌体调节，使身心得到锻炼，达到健美身心，延年益寿的目的。瑜伽健身术动作包括站、立、跪、坐、卧、弓步等各种姿势。这些姿势与当今世界流行的健美操常用姿势基本是一致的。古代人对健身、健美的追求，提倡体操与音乐相结合的主张，是现代健美操形成与发展的基础。

二、健美操运动的发展

健美操的英文原名为 Aerobics，意为有氧运动、有氧健美操。有氧健美操早 19 世纪末 20 世纪初，就已经由肯尼斯 · 古柏博士在美国推广了。有氧健美操最初只是强调有氧运动的重要性，同时，把训练心肺功能当作主要的目的。刚开始的时候只是有氧的跑步健身，随着时间的推进，有氧运动逐渐发展，直至 20 世纪 70 年代末，有氧健美操受到大众的广泛欢迎。到了 20 世纪 80 年代初，在健身热的影响下，健美操已遍布全世界，风靡全球。其中，对世界健美操影响最大的国家就是美国，作为主要代表人物的美国影视明星——简·方达。简·方达完成了《简·方达健身术》一书，该书出版于1981年。书中所讲都是依据自身的健美的体会与经验，以其自身的经历、体验为例向大家说明，该书引起全球的轰动，得到大众的关注，使得健美操在全世界的范围内得到推广。从1985年开始，美国每一年都会举办健美操锦标赛，确定赛会的比赛项目与比赛规章，让健美操成为竞技性的运动项目。与此同时，在英国、法国等发达国家，健美操也迅速地发展起来；在发展中国家，健美操也不同程度地得到开展，有些国家甚至已经建立了很多健美活动中心、健身俱乐部。大多数人开始把健美操当作健身的主要方式，从而形成了世界范围的健美热潮。

三、我国健美操运动的兴起、发展

20世纪70年代末，世界的健美操热已经传到我国，在上海、北京等地也逐渐建起各式各样的健美操培训班。之后，随着健美操在我国各种新闻媒体中的出现，更多人对健美操有所了解，也使得健美操在我国得到大力的开展。1981—1983年，健美操传入我国的初期，很多老师都在报刊上刊登一些讨论健美操的美育教育文章，还为健美操编排了一些动作（形体健美操等）。1984年，北京体育学院专门建立了一个关于健美操的教研组，之后，上海体育学院也成立了健美操研究室，并率先开设健美操课程。随着原国家教委对高校体育教学一些要求的提出，各大专院校也一个接一个地开设起健美操课程，引领健美操走向学校。1986—1988年，我国各种以健身为主要目的的健身健美操和以竞技为主要目的的竞技健美操进入大发展时期。1987年，我国第一家健美操中心成立，并全面开放。1992年2月，中国大学生体育协会健美操以及艺术体操协会在北京成立了。同年9月，中国健美操协会在北京正式成立，标志着我国健美操运动进入一个崭新的发展阶段。

第二节　健美操运动的概念与分类

一、健美操的概念

健美操的英文名称是“Aerobics”，即有氧体操或有氧舞蹈，是有氧运动的一种。

健美操是一项新兴的体育运动，从兴起、发展到现在只有短短的几十年时间，发展迅速并存在着多种练习形式和流派。人们对健美操的认识有一定的差异，对健美操概念的理解也不尽相同。

韵律体操的创始人、瑞典著名的体操专家维科曼主张体操动作的创造是："应将人体的运动规律融入动作中。"健美操的代表人物、美国著名的健美操发起人之一简·方达认为："健美操是改善形体和心理感觉的体操。"我国的一些学者认为：健美操是一项融体操、舞蹈、音乐为一体，经过再创造，按照全面、协调发展身体的要求，组编成操，在音乐伴奏下，达到增进健康、培养正确体态、塑造美的形体、陶冶美的情操的一种锻炼手段。有的健美操专家认为：健美操是人体以自身为对象，以健美为目标，以身体练习为内容，以艺术创造为手段，融体操、舞蹈、音乐为一体的一项新兴体育项目。

健美操是吸收了基本体操、艺术体操、现代舞等动作特点而创编出来的，可以为大多数人所能接受的单个动作、联合动作与成套动作。它形式新颖、活泼，内容丰富，节奏可快可慢，加上和谐的音乐的伴奏，从而达到陶冶情操、娱乐健身的目的，可谓"寓健身于娱乐之中"。

健美操的基础和实质是有氧练习或有氧运动。有氧运动是在氧供应充足的情况下，为人体有氧系统提供能量的一种运动形式，其运动特征是持续一定时间的、中低强度的全身性活动，主要增强练习者的心肺功能，是耐力素质的基础。事实上，从提高健康水平的角度来说，只有有氧运动才能良好地影响人体，才能达到锻炼身体的目的，而有氧练习是健美操最本质的特征，也是影响人体最积极的方面。因此可以认为，健美操是一项融体操、舞蹈、音乐为一体，以有氧练习为基础，以健、力、美为特征的体育运动项目。

二、健美操运动的分类

健美操运动种类繁多，分类方法也不尽相同，根据健美操活动的目的和任务可分为健身性健美操、竞技性健美操和表演性健美操三大类。竞技性健美操根据竞技性健美操规则的要求进行编排、训练、比赛。健身性健美操是普及性的，讲究针对性和实效性，节奏感强，强度和难度要求较低。表演性健美操注重表演的效果，对音乐效果、动作设计、队形变化、动作质量和表现力要求较高。

（一）健身性健美操

健身性健美操是集健身、娱乐、防病于一体的群众普及性健身运动，是竞技性健美操的基础，其目的是通过全面活动身体，提高氧代谢能力，增强体质，增进健康，促进人体健美，焕发精神，陶冶情操。健身性健美操是一种有氧运动形式，面向大众，强度和难度相对较低，形式内容丰富多样。其动作简单，实用性强，音乐速度也较慢，且为了保证一定的运动负荷和锻炼的全面性，动作多有重复，并均以对称的形式出现，还可以根据不同的需要锻炼的身体的各个部位，根据练习对象的需求进行创编。因此，健身性健美操适合社会不同年龄、性别、职业、层次的人。健身性健美操的练习时间可长可短，从 5 分钟到 1 小时不等。例如，美国著名健美操明星简·方达所编的初级健美操，一套操做下来需要 27 分钟；在日本，一般的健美操需 1 小时左右。在练习的时间要求上也可以根据个体情况而变化，严格遵循“健康、安全”的原则，防止运动损伤的出现，在保证安全的基础上，达到锻炼身体、增进健康的目的。

健身性健美操有许多风格：一般健身操、爵士健身操、踏板健身操、搏击健身操、瑜伽健身操等。

健身性健美操主要有以下几种分类方法。

（1）根据练习形式，可分为徒手健美操、持轻器械健美操和利用专门健美器械进行练习的健美操。

（2）根据练习者的性别特征，可分为女子健美操和男子健美操。

（3）根据练习者不同年龄阶段的特征，可分为幼儿健美操、儿童健美操、少年健美操、青年健美操、中年健美操和老年健美操。

（4）根据人体解剖结构特征，按身体部位可分为颈部健美操、肩部健美操、臂部健美操、胸部健美操、腰腹健美操、髋部健美操、腿部健美操和足部健美操。

（5）根据动作的内容特征，可分为形体健美操、姿态健美操、跑跳健美操和垫面健美操等。

目前，我国健身性健美操开展得非常广泛，各种成套健美操动作的练习时间、场地、人数、内容、动作名称、节奏等没有统一的标准，可以根据练习者的需要进行编排。

综上所述，健美操是融体操、音乐、舞蹈为一体的追求人体健康与美的运动项目。因此，健美操具有体育、舞蹈、音乐、美育等多种社会文化功能。通过健美操锻炼，可以达到改善体质、增进健康、塑造体形、控制体重、愉悦精神、陶冶情操等目的。

（二）竞技性健美操

竞技性健美操起源于传统的有氧健身舞，是在健身性健美操的基础上发展而产生的，是以争取优异成绩为主要目的，展示人体健、力、美和全面素质的竞赛项目。竞技性健美操是有氧和无氧代谢运动的结合，并以无氧代谢为主，运动强度大、时间短、速度快、动作难度大、变化多、技术复杂，因而对人的体能、技术、心理、意志等方面提出了更高的要求。

竞技性健美操是在音乐伴奏下，通过难度动作的完美完成，展示运动员连续表演复杂和高强度动作的能力。成套动作必须通过所有动作、音乐和表现的完美融合体现创造性。竞技性健美操以成套动作为表现形式，在成套动作中必须展示连续的动作组合、柔韧性、力量与七种基本步法的综合使用并结合难度动作完美地完成。竞技性健美操在参赛人数、比赛场地和成套动作的时间等方面必须严格按照规则进行，成套动作的编排、动作的完成、难度动作的数量等也都有严格的规定。比赛项目有男单、女单、混双、三人和五人，而且有特定的竞赛规则和评分方法，必须按照其规则要求进行组织编排、训练和比赛。

1. 按比赛规模分类

（1）国际比赛。目前国际上规模较大的比赛有国际体操联合会组织的“健美操世界锦标赛”、国际健美操冠军联合会组织的“国际健美操冠军赛”、国际健美操联合会组织的“健美操世界杯赛”。

（2）国内比赛。我国正式的竞技性健美操比赛有“全国健美操锦标赛”“全国健美操冠军赛”“全国大学生健美操比赛”“全国体育大会健美操比赛”，以及非正式的通级赛和各省市的比赛。

2. 按比赛项目分类

竞技性健美操比赛的项目有男子单人操、女子单人操、混合双人操、三人操（三名运动员性别任意搭配）、五人操共五个传统项目。

3. 按参赛年龄分类

竞技性健美操按参赛年龄分为成年组和少年组两个组别。运动员年满 18 周岁可参加成年组比赛，少年组比赛在成套难度动作的选择上有所限制。

（三）表演性健美操

除了健身性健美操和竞技性健美操，在我国还有一种表演性健美操，这是我国健美操历史发展过程中出现的一种特殊形式，在国外是没有的。表演性健美操的主要练习目的是“表演”，它是事先编排好的、专为表演而设计的成套健美操，时间一般为 2 ～ 5 分钟。表演性健美操注重表演的效果，所以对动作设计、队形变化、表演者的动作质量及表现力等要求较高。表演性健美操的动作较健身性健美操动作难度大而比竞技性健美操动作难度小，但更强调动作风格、表现与音乐的协调统一。因此，为保证表演效果往往要对音乐进行修改或重新制作，在成套动作中加入更多队形变化和风格化的舞蹈动作（如爵士、拉丁等），有时还会利用花环、彩带等。在表演性健美操中以上一切元素都要通过表演者的身体语言、表情及眼神表现出来，所以表演性健美操中更强调表演者的表现力，这种综合的表现力可达到烘托气氛、感染观众、增强表演效果的目的。

表演性健美操的动作比健身性健美操的动作复杂多变，所以对参与者的身体素质要求较高。参与者不仅要具备较好的协调性，还要有一定的表演意识和集体配合意识。

第三节　健美操运动的特点与意义

一、健美操运动的特点

（一）本能性健美是运动的核心

（1）健美操的动作包括发展肌肉的力量、速度和弹性，发展关节、韧带的柔韧性，发展心血管系统和呼吸系统的机能等练习。

（2）健美操既注重外在美的锻炼，又强调内在美的培养，反映了健身、健心、健美的自然性整体效应。

（3）健美操练习是在音乐的伴奏下完成的，音乐的明显节奏不但能增强动作的节奏性和协调性，也能使人们在欢乐的环境中进行自我陶冶，培养正确的审美观念及良好的性格和品德。

（二）动作的多变性和协调性

（1）每节操很少是单关节的局部活动，大多为多关节的同步运动。

（2）动作的力度有轻有重、有急有缓。

（3）在成套健美操中，不仅有对称性动作，还有许多非对称的和依次完成的动作。

（三）鲜明的节奏感和创新性

（1）健美操的音乐不仅能使练习者在完成单个或成套动作中准确地把握每

一个节拍，更重要的是能激发练习者的情绪，增强练习时的节奏感和韵律性，陶冶美的情操。

（2）随着健美操的发展和变化，新颖的具有显著特征的健美操动作被不断地创编出来，这是健美操保持长盛不衰的主要原因。

二、健身性健美操运动的特点

（一）保持有氧代谢过程

健身性健美操的动作和套路设计，都是以保证健身者在运动过程中能够最大限度地摄入氧气并充分利用氧化来燃烧体内的糖原、突出燃烧脂肪作为能量供给为前提的，以此实现加快体内新陈代谢、重新建立人体更高机能水平的目的。在有氧运动中，呼吸系统、心血管系统及大脑中枢神经都能得到良好的锻炼，特别是对肥胖体形的人们来说，有氧运动在消除体内多余脂肪、调节脂肪静态平衡、保持健康、增强体质等方面具有良好的效果。

（二）广泛的适应性

健身性健美操练习形式多样，运动量可大可小，容易控制，多为徒手进行锻炼，对场地器材的要求也不高，不受环境、气候等条件的影响，因此对各个年龄层次、不同性别、不同身体素质、不同技术水平的人都适宜，各种人群都能从健美操练习中找到适合自己的方式，从中得到乐趣。健身性健美操既可以在舞台上表演，也可以在大小聚会中娱乐。例如，中老年人可选择低强度的有氧练习，从而达到锻炼身体、娱乐身心、保持健康的目的；而对具有较好身体素质、有意进一步提高的年轻人来说，可选择难度较大、运动量较大的成套健美操作为练习的手段，这样不仅可以锻炼身体，而且可以提高技术水平，满足其进取心要求。因此，健美操具有广泛适应性的特点。

（三）注重个体差异

健身性健美操的动作套路形式多样化，节奏有快有慢，套路有长有短，动作有难有易，运动量和运动强度可任意调节，适合于不同阶层、不同行业、不同年龄、不同性别、不同体质的人们进行锻炼，各种人群都能从健美操练习中找到适合自己的方式，都能从健美操练习中得到乐趣。

（四）健身的安全性

健身性健美操所设计的运动负荷和运动节奏，充分考虑了运动而产生的一系列刺激结果的可行性，使之适合一般人的体质，甚至体质弱的人都能承受。人们在平坦的地面上，在欢快的音乐声中，跟随快慢有序的节奏进行运动，十分安全、有效。

三、竞技性健美操运动的特点

（一）高度的艺术性

“健康、力量、美丽”是人类有史以来所追求的身体状况的最高境地，而健美操运动，无论是健身性健美操还是竞技性健美操，无不处处表现出“健、力、美”的特征，包含着高度的艺术性因素，使健美操不同于其他运动项目，这也正是人们热爱健美操的原因之一。健美操动作协调、流畅、有弹性，练习者不仅锻炼了身体、增强了体质，而且从中得到了美的享受，提高了自身的审美意识和艺术修养。竞技性健美操运动员在比赛中表现出的健美的体魄、高超的技术、流畅的编排和充沛的体力等，成套动作中展现出的热情、活力、魅力、情感以及非凡的气质，无不给观众留下深刻的印象，充分体现出健美操的“健、力、美”特征和高度的艺术性。

竞技性健美操是融体操、舞蹈、音乐为一体的追求人体健与美的运动项目，具有高度的艺术性。

（二）强烈的节奏性

竞技性健美操动作具有强烈的节奏性特点，并通过音乐充分地表现出来，因此音乐是竞技性健美操不可缺少的组成部分。竞技性健美操音乐的特点是节奏强劲有力、旋律优美，具有烘托气氛、激发人们情绪的效应。音乐与运动员的特点、动作风格相符合，更能激发观众的情绪和共鸣，使健美操比赛和表演更具有感染力和观赏性。现代音乐给健美操带来的活力和时代感是健美操深受人们喜爱的重要因素之一。

（三）高难度、高体能

竞技性健美操的成套动作必须展示连续的动作组合、柔韧性和力量，并在综合运用 7 种基本步法的同时，高质量地完成各类难度动作。优秀的健美操运动员必须具备良好的身体素质、体能以及完美地完成主要强度的难度动作的能力。因此，高体能、高难度是当今竞技性健美操的典型特点。

（四）仍保留着大众体育的特色

竞技性健美操起源于传统的健身性健美操，其本质和基础的内容来源于健身性健美操。运动技术水平的高低在于运动员本身的体能、素质以及运用技巧的能力。不同年龄、不同体能的运动员，无论水平高低均可参加竞技性健美操。因此，高水平的竞技性健美操仍保留着大众化的特色。

四、健美操运动的意义

（一）健美操运动是我国全民健身运动的一个重要组成部分

随着我国人民生活水平的迅速提高，健身、休闲、娱乐逐渐成为人们的日常需要，尤其是自从 1995 年我国政府全面推行“全民健身计划纲要”以来，通过广泛的宣传和教育，广大人民群众进一步加深了对体育运动重要性的认识，体育锻炼不再像以前一样是一种行政手段，而是变成了人们自觉的行动。体育消费正成为时尚，人们转变了思想、更新了观念，自觉自愿地为健康投资。因此，越来越多的人积极参与到体育运动中来，掀起了一个全民健身的热潮。健美操作为一项新兴的体育运动，以其独特的魅力在众多的传统体育项目中脱颖而出，受到越来越多的人的喜爱。目前，不仅以健美操为主要内容的各种健身中心遍布我国大中型城市，而且在大中小学健美操也被列入教学大纲，作为正规的教学内容传授。另外，各种以健美操为主要内容的电视节目的播出，也促进了健美操的普及与开展，使更多的人认识了健美操，并加入健美操锻炼中来。因此，健美操已成为全民健身运动的一个重要组成部分。

（二）健美操练习是一种卓有成效的锻炼身体的方法

健美操作为一项有氧运动，具有所有有氧运动的健身功能，如全面提高身体素质、增强心肺功能和提高肌肉耐力，促进肌体各组织器官的协调运作，使人体达到最佳机能状态。此外，健美操不同于其他有氧运动项目之处在于它是一项轻松、优美的体育运动，在健身的同时，带给人们艺术享受，使人心情愉快，陶醉于锻炼的乐趣中，减轻了心理压力，促进身心健康发展，从而增强了健身的效果。

（三）健美操表演与比赛丰富了人们的业余文化生活

体育是人类社会文化生活的一个重要组成部分，人们经常通过在业余时间参与体育运动来达到强身健体、娱乐身心、促进交流的目的。随着健美操在我国的快速普及与发展，健美操比赛也逐步正规化。目前，我国不仅有正式的全国锦标赛，还有省市比赛，甚至单位、学校内部的比赛。近年来，健美操还经常作为表演项目出现在各种场合，对宣传健美操起了重要作用。为准备比赛或表演，表演者付出了一定的时间和精力，表演的过程也是健身和娱乐的过程，而表演本身又满足了表演者自我表现的欲望，达到了娱乐身心的目的。对观众来说，观看比赛和表演本身就是一种娱乐行为，在表演过程中，运动员精湛的技艺、强健的体魄，给予观众“美”的享受，起到了振奋精神的作用，丰富了群众业余文化生活。

第四节 健美操运动的功能与价值

一、健美操运动的功能

（一）增进健康美功能

“健康”即生理功能正常、无病理性改变和病态出现。随着经济的发展和社会的进步，现代健康已不仅仅是生理意义上的“健康”，而兼备健康的心理和行为。“健康美”是一种积极的健康观念和现代意识，有研究表明，“健康美”是肌体最有效发挥其机能的状态。一个具有“健康美”的人除了自我感觉良好、可轻松应付日常工作与生活，还有充沛的精力参加各种社交、娱乐及闲暇活动，亦能自发地处理突发的应激状态。一个具有“健康美”的人应该具备的身体素质是良好的心肺耐力、肌肉力量、平衡性、灵敏性、柔韧性和协调性。心肺耐力的发展使心脏与循环系统有效运作，将肌体所需的营养物质、氧气及生物活性物质运送到肌肉和各组织器官，并把代谢产物运走，在肌体的生命活动中发挥重要作用。肌肉力量的发展不仅塑造强健的体魄，亦具备强大的活动能力，减缓肌肉与附着组织的退化和衰老过程，使身体动作机敏、灵活、富有朝气。健美操作为一项有氧运动，其健身功效已被人们普遍认可。有研究认为，有氧运动最能发展人体的心肺功能，提高呼吸系统机能水平，促进心血管系统机能的提高，减少心肺呼吸系统疾病。健美操不仅具有有氧运动的功效，而且兼备发展身体柔韧性和灵敏性的作用，可以说是目前发展身体全面素质的较为理想的运动。

（二）塑造形体美功能

“形体”分为姿态和体形。姿态即我们平时的一举一动表现出来的行为习惯，受后天因素的影响较大。而体形则是我们身体的外形，虽然体育锻炼可以适当改善体形外貌，但相对来说遗传因素起决定性作用。良好的身体姿态是形成一个人气质风度的重要因素。长期的健美操练习有益于肌肉、骨骼、关节的匀称，有利于改善不良的身体姿态，形成优美的体姿，从而在日常生活中表现出一种良好的气质与修养，给人以朝气蓬勃、健康向上的感受。健美操还可以塑造健美的体形，通过健美操练习，尤其是力量练习，可以使骨骼粗壮、肌肉围度增大，从而弥补先天的体形缺陷，使人体变得匀称健美。另外，健美操练习还可以消除人体内和体表多余的脂肪。人体内脂肪的消耗是由很多因素造成的，最重要的一点就是人体新陈代谢的快慢，而有氧操的强度不大，并可持续较长时间，能消耗体内多余的脂肪，维持人体吸收与消耗的平衡，降低体重，保持健美的体形。

（三）缓解精神压力，娱乐身心功能

随着时代的发展和社会的进步，人们在享受科学技术带来的舒适生活和各种便利的同时，也受到了来自方方面面的精神压力。研究证明，长期的精神压力不仅会引起各种心理疾患，而且许多躯体疾病也与精神压力有关，如高血压、心脏病、癌症等。体育运动可以缓解精神压力，预防各种疾病的产生，这是科学研究已证明的事实。健美操作为一项体育运动，以其动作优美、协调，锻炼身体全面，同时有节奏强烈的音乐伴奏而著称，是缓解精神压力的一剂良方。在轻松优美的健美操锻炼中，练习者的注意力从烦恼的事情上转移开，忘掉失意与压抑，尽情享受健美操所带来的欢乐，得到内心的安宁，从而缓解精神压力，使人具有更强的活力和最佳的心态。目前，无论是国外还是国内，人们参加健美操锻炼的普遍方式是去健身房，在健美操教练的带领和指导下集体练习，而参与健美操锻炼的人来自社会的各阶层。因此，这种形式扩大了人们的社会交往面，把人们从工作和家庭的单一环境中解放出来，可以接触和认识更多的人，开阔眼界，从而为生活开辟了另一个天地，大家一起跳、一起锻炼，共同欢乐、互相鼓励，有些人因此成为终身的朋友。因此，健美操锻炼不仅能强身健体，还具有娱乐功能，可以使人在锻炼中得到一种精神享受，满足人们的心理需要。

（四）医疗保健功能

健美操作为一项有氧运动，其特点是强度低、密度大，运动量可大可小，容易控制，除了对健康的人具有良好的健身效果外，对一些病人、残疾人和老年人也是一种医疗保健的理想手段。例如，对下肢瘫痪的病人来说，可做地上健美操和水中健美操，以保持上体的功能，促进下肢功能的恢复。总之，只要控制好运动范围和运动量，健美操练习就能在预防损伤的基础上，达到医疗保健的目的。

二、健美操运动的价值

（一）健美操运动的健身价值

1. 增强体质，增进健康

（1）健美操运动对消化系统的影响。一定负荷下的肌肉运动可以消耗大量的能量物质，提高肠胃对糖、脂肪和蛋白质的吸收能力。健美操运动的髋部全方位的活动比较多，经常参加健美操锻炼，可以大大刺激人体肠胃的蠕动，促进营养物的吸收和利用，提高消化系统的功能，从而增强对疾病的抵抗能力。

健美操是一项以有氧代谢为基础的运动项目，进行健美操运动时可以提高呼吸肌的收缩能力，使呼吸肌变得有力，呼吸功能大大提高，肺活量明显增大，使机体具有较强的氧代谢能力。经常参加健美操锻炼还可以使呼吸系统的神经调节中枢得到不断的刺激，改善呼吸系统的调节机能。

（2）促进心血管系统机能的提高。健美操是一种有氧运动，对心脏和血管有良好的影响。长期参加健美操锻炼，可以使心肌纤维增粗，心肌收缩力提高，心排血量增大，提高心脏泵血能力，提高身体氧代谢能力，促进人体新陈代谢；改善血管壁和血管的分布情况，使血液与组织器官进行交换的能力增强；改善整个身体血管系统结构，增强机能，从而减少各种心血管系统的疾病。

（3）改善神经系统的机能。长期参加健美操锻炼可以增强神经的灵活性、均衡性，因为健美操运动是在人的中枢神经系统的支配调节下进行的；反过来，通过健美操锻炼也能提高人的中枢神经系统的机能水平，对神经系统的结构和功能产生良好的影响，使人的感觉敏锐、综合分析能力增强，提高神经过程的强度、集中能力、均衡能力和灵活性，从而发展人的协调性、灵敏性。

（4）增强运动系统的功能。健美操运动强调动作的节奏和力度的结合，对动作所牵涉的骨骼、关节和肌肉群进行有节奏的自身负荷锻炼，其频率和强度的变化对一般人来说是非常适宜的。长期参加健美操锻炼可以使肌肉的力量增强、体积增大、弹性增强，使韧带肌腱等结缔组织富有弹性。经常参加健美操运动可以改善身体各部位肌纤维组织和关节的灵活性，并能提高骨骼的抗折断、抗弯曲和抗扭转能力，以防止伤害事故的发生。

2．塑造健美体形，端正体态

通过经常性的健美操训练可使儿童、少年形成正确的身体姿势；使青年人动作优美、体态矫健；使中年人延缓身体的衰退，保持良好体态；使老年人骨骼结实，肌肉富有弹性，维持良好形体，使畸形不良的身体得以纠正。同时，健美操是一项运动量较大，频率较快，动作幅度、力度较大的运动，因而消耗体能较大，有利于消除体内多余的脂肪，使身体肌肉强健，从而达到塑造健美体形的目的。

3．陶冶情操，提高素养

健美操是一项具有艺术性的体育项目。它是在音乐伴奏下进行的身体练习，通过优美、明快的音乐节奏，活泼愉快的形体动作，使人的身心得到全面调节。

经常从事健美操运动，可以增强节奏感、韵律感，提高认识美、鉴赏美、表现美和创造美的能力，精神面貌和气质修养都会得到改善和提高。

（二）健美操运动的教育价值

健美操作为学校体育的一种手段，是融体操、音乐和舞蹈为一体的运动，因此，它是体育项目中培养学生德育、智育、美育等的最合适的运动，为提高人的综合素质创造了良好的条件。

1．健美操运动的德育价值

健美操中音乐激昂、步法丰富，每个动作都充满激情，使练习者的人体在锻炼过程中能够得到表现。健美操可以帮助人们宣泄激情，疏导人们压抑和控制的不良情绪，引导人们积极进取。健美操的集体练习形式能够帮助人们建立友谊，促进人与人的交往。在练习过程中，大家互相纠正、互相帮助、共同克服困难，以弥补现行德育中缺乏实践的缺陷。

2．健美操运动的智育价值

健美操动作变化快，动作受大脑支配，所以健美操练习总是伴随着复杂的智力活动，有利于提高智力。人作为创造性活动的主体，在改造健美操使之更符合人体需要的过程中，能动性地发挥了大脑功能，激发了自身的创造力。

3．健美操运动的美育价值

健美操以徒手练习为基础，吸收了古典舞、民族舞、现代舞、爵士舞的基本动作。为达到身体匀称、协调、健美的发展而进行的动作操练习，可以有效地消除人体多余的脂肪，塑造形体，培养良好的体态，形成良好的举止和树立良好的形象。所以，人们在健美操中可以体验健美操鲜明的节奏、动作和幅度所带来的美感，满足自身对美的表现欲望，这是健美操特有的美育效果。

（三）健美操运动的娱乐价值

1．健美操的形式优美感

健美操使人们在练习过程中能够展示美、表现美，内心产生愉快的情绪体验，达到娱乐身心的目的。

2．健美操的自主性

人们在健美操的锻炼过程中，个体的自主性可以得到很大程度的发挥。在遵守规则的前提下，人们可以对音乐、动作或练习形式进行选择，体验到其中的乐趣。

3．健美操的丰富性

健美操是由无数不同风格和难度的单个动作和成套动作组成，其动作变化和巧妙的连接形成一些通过练习可攻克的难度。在优美欢快、丰富多彩的音乐伴奏下，人们可以体会各种不同的身体运动的节奏和快感，欣赏变化多端的美的姿态，体验各种不同的美，从而使身心得到愉悦和满足。

（四）健美操运动的社会价值

1. 健美操运动的社会文化价值

体育文化是针对体育运动领域所形成的一种社会文化，是人们在进行体育运动时形成的精神、物质、制度的总和。体育文化主要包括体育认识、体育情感、体育价值、体育理想、体育道德、体育制度和体育的物质条件等。体育文化符合社会的发展需求。人有多种多样的需求，不但要维持生存，还有安全方面、思想意识方面、交际方面等的需求，大众健美操符合人们各个方面的需求。因为大众健美操具有很强的社会性和流行性，因此其社会价值主要体现在别具一格的创意、无尽的美学魅力以及休闲放松的功能上，也就是说，大众健美操的出现是社会文化需求的结果。

2. 健美操运动的社会经济价值

大众健美操运动具有“人为性”的特点，它的运动形式是人们根据需要而人为地创造动作去进行练习。为了达到增强体质的目的，可以通过科学地改变身体姿势、动作方向、动作路线、动作频率、动作速度和动作节奏进行调节，以创编适宜于不同人群或个体需要的练习形式。此外，大众健美操可以在室外、室内、广场、大厅、娱乐场所、健身房，甚至在家庭的居室中进行；练习的人数可多可少，时间可长可短，这种广泛的适应性是一般运动项目难以相比的。

大众健美操作为身体操练的体育项目之一，其界定范围比较广阔，在诸多体育健身运动项目的市场竞争中有良好的前景和更广阔的市场。这种体育产业的兴起与发展对我国的国民经济将会有巨大的推动作用，还有利于我国体育产业的进一步发展壮大，并满足民众对体育运动的需求。

3. 健美操运动的社会沟通价值

大众健美操是一种开放性的、集体性的活动，在轻松和谐的环境中，人们在与同伴共同参与的过程中，扩大了交际范围，拉近了彼此的距离，实现了广泛的交往。在健美操运动中，技艺的相互切磋、技巧的相互传递、配合中的默契、合作中的协调等，有助于人们调节自身情绪、消除紧张心理、克服心理障碍、建立良好的友谊，从而增强人的社会属性，并推动整个社会的精神文明建设。

第五节 健美操运动的发展趋势

一、健身性健美操的发展趋势

（一）健身性健美操的市场前景更加美好

随着知识经济社会的到来和人们生活水平的提高，当今社会在生产力和生活方式方面发生了翻天覆地的变化，其特点是体力活动越来越少、脑力劳动逐渐增加、工作和生活压力与日俱增。亚健康在都市人身上早已屡见不鲜，使人们意识到了健康的重要性，对健身的需求也日趋强烈，从而加快了社会体育事业的发展，体育成为满足人们肢体活动、心理调节和情感依赖的重要手段。随着人们生活水平的不断提高，花钱买健康的观念逐渐深入人心，健身运动已成为人们的时尚消费。健身性健美操作为社会体育的重要组成部分，以其独特的魅力、功能和特点受到大众的喜爱。

健身性健美操在体育市场中的发展很大程度上依托于各种健身俱乐部。通过不同性质、不同档次的健身俱乐部，可以使健身性健美操在不同的消费人群中传播与发展。在这种背景下，健身性健美操的市场前景将愈加广阔。

（二）健身性健美操的种类和练习形式将更加多样化

健身性健美操的主要目的是健身，动作难度与运动强度不大，可以满足社会上不同性别、不同年龄、不同职业人的需求，具有娱乐性、健身性的特点。随着健美操在我国的迅速发展，再根据它本身的特点，健美操已不仅是高级白领在健身房活动的象征，它以惊人的速度渗透到大众生活中来，儿童、青少年以及老年人都可以参加。

为了不断满足健身锻炼者的各种需求，目前，健身性健美操的种类和练习形式呈多样化的趋势，如各种器械健美操和近年来出现的水中健美操，以及一些正在流行的特殊风格的健美操，如搏击健美操、拉丁健美操、瑜伽健美操、街舞等。这些新兴练习形式的出现主要是因为每个参加锻炼的人的年龄、性别、身体状况、健康水平和所要达到的目的是不同的，因此人们的需求是多样化的，如年轻人喜欢街舞、搏击健美操，老年人喜欢水中健美操，女子喜爱瑜伽健美操。健美操要寻求自身的发展，最大限度地适应市场发展的需要，就必须不断地满足人们的不同需求。

随着社会的发展和人们生活水平的提高，人们的需求将更加个性化，集体练习的形式已不能满足人们的需求。在国外，私人教练的健身形式非常流行，占有很大一部分市场，相信未来我国健身形式的发展也将如此。我们应在引进和学习国外经验的基础上，发展更多不仅适合中国人，而且能吸引外国人的新的健身性健美操练习形式。最新资料显示，目前在世界范围内最受欢迎和发展最快的健身项目是集体力量练习、私人教练和大脑一身体综合练习。对传统有氧健美操来说，编排简单的低冲击力和高低冲击力混合的练习仍是世界各国健身中心的常规项目，而单纯高冲击力的练习容易引起关节的损伤，已不再流行。

（三）健身性健美操练习的科学化程度将不断提高

首先，科学化是保证健身事业不断蓬勃发展和进步的重要因素，也是保证健身性健美操练习效果的关键。对不同人群体质的测定和不同年龄阶段的人群锻炼的最佳心率范畴的具体研究可以更好地帮助大众科学有效地选择锻炼方式。倘若参与者不进行科学、有效的练习，不仅会导致运动效果不明显，还可能造成身体损伤。因此，不断地提高健身性健美操运动的科学性，才能使大众真正地体会到健身性健美操的锻炼价值和锻炼的最终目的。

其次，提高锻炼的科学性也是健身性健美操发展的自身需要。随着人们科学素质的不断提高，人们不再满足于单纯、简单的运动，对运动的需求也不再仅仅满足于出些汗的效果，而是寻求更加科学的健身模式。因此，提高健身性健美操的科学性发展势在必行，是当代体育工作者要去研究发展的新思路、新方向。

因此，对于健身性健美操而言，紧密结合科研是健身性健美操今后健康持续发展的方向。利用科学的方法指导健身，是不断增强健身性健美操锻炼效果的有效途径。

（四）激烈的市场竞争将更加注重健身指导的服务质量

现代健身场所可以说是现代人类文明高度发展的产物，也是人们花钱买健康的理想方式。各类健身场所的经营最终要通过服务才能实现，服务质量的高低直接关系到大众健身的质量和经营者的经济效益，也必将影响健身市场的兴衰。因此，为健身消费者提供及时、优质、高效的服务，提高健身指导的服务质量，包括服务礼貌、服务标准和服务程度，已成为推动健身俱乐部发展的至关重要的因素。

健身性健美操得以推广的关键是教练员，因此按照《健美操指导员技术等级实施办法》大量培训大众健美操教练员是十分必要的。只有提高教练员的授课水平，才能保证锻炼者的健身效果，推动健身性健美操的发展。健美操比赛日益增多，比赛规则日益完善。通过比赛，人们可以相互交流、相互探讨，评出更具有时代气息和风格的健美操组合和套路，以供大众观赏和借鉴，以促进健美操运动的协调健康发展。随着比赛日益增多，比赛规则也相应地不断完善起来。它规定要有一定的难度，但不允许有危险或有悖于运动规律的动作出现，以确保大众能够参与，又不失比赛的健身性和观赏性。

二、竞技性健美操的发展趋势

（一）音乐新

音乐是健美操的灵魂，是夺冠取胜的重要因素之一。根据音乐曲调设计动作已满足不了当今求新的创编需要，请专家根据动作特点、运动员的个性制作新颖、独特、动人、符合竞赛规则的音乐，已成为竞技健美操发展的趋势。制作音乐更能发挥教练员的想象力、创造力及运动员的表现力，使健美操的动作、风格、音乐浑然一体，突出健美操的特点。

（二）难度动作类型新

规则是技术发展的杠杆，新的难度动作的出现是规则要求的产物，是健美操发展到一定时期的必然结果，是取胜的物质基础。难度动作是运动员综合素质的体现，只有在素质能力达到一定水平的情况下，才能选择与其相适应的动作，起到画龙点睛的作用。难度动作的发展，一定要考虑一个“新”字——要与众不同，花色品种要多样化、出人意料。难度动作的选择应是全方位的，既有上肢力量动作，又有下肢和腰腹力量动作；既有静力性力量、柔韧性动作，又有动力性力量、柔韧性动作。只有这样，才能符合当今健美操的发展要求。

（三）连接动作新

动作连接巧妙、流畅也是动作创新的途径，特别是当难度动作发展到一定高度和水平时，新的连接方法尤为重要。连接的不同，效果各异。在创编健美操时，虽然主要动作都是一样的，但由于连接方式的不同，能取得不同的效果。

（四）配合动作新

2 人、3 人、6 人的巧妙配合，使成套健美操动作达到高潮，给观众和裁判留下深刻的印象，是健美操发展的一大特点。配合动作的设计要符合运动员的特点，扬长避短，动作的配合要默契，好似一个有机的整体，而不能看作单个动作的独自完成，配合动作要干净利落，连接流畅，过渡自然。

第二章 健美操运动基本动作与技术

第一节 健美操运动基本动作

一、健身健美操基本动作

目前，健身大众健美操的基本动作有很多，也有引进其他项目的内容，都已经被长期使用并发展成健美操常用的基本动作。下面从基本步法、上肢动作、躯干动作、基本力量和伸展动作五部分进行归纳总结。

（一）基本步法

健身健美操的基本步法根据人体运动时对地面的冲击力大小分为无冲击步法、低冲击步法、高冲击步法。

1. 无冲击步法

无冲击步法动作是指两脚始终接触地面的动作，身体重心在两脚之间，没有腾空动作。

（1）弹性：膝关节有弹性地屈伸。

（2）半蹲：两腿分开或并拢，屈膝。

（3）弓步：一条腿向前（侧、后）迈步屈膝，另一条腿伸直。

（4）提踵：脚跟向上提起，然后还原。

（5）箭步蹲：一条腿向前一步屈膝；另一条腿屈膝，大腿垂直地面，脚跟向上；重心在两脚之间。

2. 低冲击步法

低冲击步法是指在做动作时始终有一只脚接触地面，根据它的完成形式分为以下四类：

1）踏步类：踏步类动作是两脚交替落地的动作。

（1）踏步。

动作方法：单拍完成动作。两只脚在原地交替抬起和落地。

完成要领：前脚先落地，过渡至全脚，从踝关节、膝关节、髋关节依次缓冲，保持腰腹稳定，肌肉收紧。

（2）一字步。

动作方法：4 拍完成的动作。两脚依次向前迈一步，并拢，再退一步，还原。

完成要领：每次落地下肢关节依次顺势缓冲。

（3）V 字步。

动作方法：4 拍完成的动作。以右脚为例，右脚向右前迈一步，屈膝缓冲，左脚向左迈一步成屈膝半蹲，两脚呈运动轨迹 V 字形，然后从右脚依次退回原位。

完成要领：迈出的脚以脚跟落地，过渡至前脚，并注意关节的缓冲和动作的弹性。可加入不同的手臂动作。

（4）曼巴步。

动作方法：4 拍完成的动作。曼巴步简称漫步。以右脚为例，右脚向前或向后迈一步，屈膝缓冲，重心前移，左脚稍抬起；重心后移，右脚还原，左脚稍抬起。

完成要领：动作过程中重心移动不要过大，以免失去节奏控制。完成的曼巴步需要 4 拍，但经常被分为前后 1/2 漫步以连接其他步法。

（5）小曼巴步。

动作方法：6 拍完成动作。小曼巴步简称小漫步。以右脚为例，右脚向左前做 1/2 漫步后还原，然后左脚再向右前方做 1/2 漫步。

完成要领：注意每一拍落地时的缓冲，手臂动作比较随意，也可做拉丁的动作；可做一个向后的小漫步动作。

（6）桑巴步。

动作方法：6 拍完成动作。以右脚为例，右脚向右踏一步，左脚向右脚后做 1/2 漫步，然后左脚向左踏一步，右脚向左脚后再做 1/2 漫步。

完成要领：注意每一拍落地时的缓冲，手臂动作比较随意，也可做拉丁的动作；可向前做桑巴步，还可变换节奏完成。

（7）恰恰步。

动作方法：2 拍动作。以右脚为例，右脚迈一步，后半拍左脚在右脚后方快速跟进一步或跳起并步，然后右脚再向前一步。

完成要领：注意节奏的掌握，第一拍两动，第二拍一动；通常和漫步连用。

2）迈步类：指一脚先迈一步，同时移重心，另一腿做点、抬、并等动作。

（1）并步。

动作方法：2拍完成的动作。以右脚为例，右脚向右侧迈一步，左脚前脚掌并与右脚，稍屈膝下蹲，然后接反方向。

完成要领：落地时膝部应顺势向下屈膝缓冲，动作过程保持腰腹的稳定。

（2）交叉步。

动作方法：4拍完成的动作。一条腿向侧迈出，另一条腿在其后交叉，稍屈膝，随之再向侧一步，另一脚点地并拢，然后可接反方向。

完成要领：交叉步是向侧移动的主要步法之一，应尽能力增大完成动作的幅度，落地时膝部应顺势向下屈膝缓冲，动作过程保持腰腹的稳定。

（3）迈步后屈腿。

动作方法：2拍完成的动作。一脚向右侧迈一步，膝稍屈曲，另一腿小腿后屈；然后可接反方向。

完成要领：第一拍迈步落地时有一个两腿都屈的过程，接着重心应控制在支撑腿上，保持关节的弹动控制；另一条腿勾脚后屈，脚跟尽量靠近腿部。

（4）迈步吸腿。

动作方法：2拍完成的动作。一脚向前或向侧迈一步，另一腿屈抬膝至水平，然后还原。

完成要领：保持关节的弹性控制，屈膝抬起的腿可根据能力尽量抬高，腹肌收紧，上体稍前倾靠向大腿。

（5）滑步。

动作方法：2拍完成的动作。以右脚为例，右脚右侧迈一大步屈膝站立，左脚侧点地滑行至左脚，上体稍侧屈。

完成要领：此动作作为舞蹈的动作，对身体控制和姿态要求较高。保持重心在支撑腿上，上体侧屈并先行引领上肢动作。

（6）迈步前踢腿。

动作方法：2拍完成的动作。一只脚向前迈一步，另一只脚向前下弹踢，然后两只脚依次还原。

完成要领：弹踢腿使关节不要强直，保持重心稳定，腰腹收紧。

（7）迈步侧踢腿。

动作方法：2拍完成的动作。以右脚为例，右脚迈一步，左脚向左侧提出，然后接反方向。

完成要领：弹踢腿使关节不要强直，脚面向上，保持重心稳定，腰腹收紧。

3）点地类：一条腿屈膝站立，另一条腿伸出，用脚尖或脚跟点地后还原到并腿位置。

（1）脚跟前点地。

动作方法：2 拍完成动作。一只脚稍屈膝站立，另一只脚跟前点地，然后还原。

完成要领：重心开始在支撑腿上，保持支撑腿的弹动，腰腹保持稳定。

（2）侧点地。

动作方法：2 拍完成的动作。以右脚为例，走腿稍屈膝站立，右腿脚尖右侧点地，然后还原。

完成要领：重心始终在支撑腿上，腰腹保持稳定，动力脚往远延伸，脚背向前。

4）抬起类：一条腿支撑地面，另一条腿以支腿或屈腿形式向上抬起。

（1）吸腿。

动作方法：2 拍完成的动作。一条腿支撑地面，另一条腿屈膝向上抬起，还原。

完成要领：保持支撑腿的弹性缓冲和身体稳定。

（2）踢腿。

动作方法：2拍完成的动作，一条腿支撑地面，另一条腿向前或向侧踢，还原。

完成要领：保持支撑腿和身体稳定。

3. 高冲击步伐

高冲击步伐是指有一瞬间双脚同时离开地面的动作，有腾空的动作。

1）迈步跳起类。

（1）并步跳。

动作方法：以右脚为例，右脚迈一步同时蹬地起跳，左脚并与右脚，两脚同时落地。

完成要领：单脚起跳，双脚落地，空中保持身体姿态，落地屈膝缓冲。

（2）上步吸腿跳。

动作方法：右脚迈一步同时蹬地起跳，另一条腿吸起，单脚落地。

完成要领：单脚起跳，单脚落地，空中保持身体姿态，落地屈膝缓冲。

（3）开合跳。

动作方法：4 拍完成的动作。双脚并拢屈膝向上起跳，落地成开立，再向上起跳，两腿并拢还原。

完成要领：双脚起跳，落地开立脚尖向外转开，脚尖、膝盖同一方向，屈膝缓冲，空中保持身体状态。

（4）弓步跳。

动作方法：单拍完成的动作。两腿并拢起跳，落地后一条腿在前、一条腿在后的弓步，或半侧面弓步。

完成要领：双脚起跳，落地时成弓步，身体保持直立，前腿屈膝缓冲。

2）单脚起跳类。

（1）弹踢腿跳。

动作方法：2 拍的动作。右腿抬起前屈，左脚起跳同时将右膝伸直（侧、后）踢出，然后右脚落地同时左腿后屈，反方向动作重复。

完成要领：弹腿时，大腿先发力，小腿再弹出，有控制地向前下方延伸。

（2）后踢腿跑。

动作方法：两脚经过腾空后，一脚落地，另一条腿后屈膝，反方向重复。

完成要领：单脚起跳，单脚落地，屈膝缓冲，保持身体直立状态。

（3）小马跳。

动作方法：2 拍完成的动作。右脚抬起，左脚蹬地离开地面跳起后向侧跳一小步，左右脚依次落地并交换腿小跳，至右脚站立，左脚脚尖点地。

完成要领：单脚起跳，依次落地。交换腿动作，脚踝弹动缓冲，保持身体直立姿态。

（二）上肢动作

上肢动作包括基本手型和常用的上肢动作。它既能使动作变化多样，又能改变动作的强度和难度，提高观赏价值。

1. 基本手型

（1）并掌：五指并拢伸直，指关节不能弯曲。

（2）开掌：五指用力分开伸直。

（3）花掌：又叫西班牙手型。在分掌的基础上，从小指依次内旋，形成一个扇面。

（4）立掌：手掌用力上屈，五指指关节自然弯曲。

（5）一指：拇指与中指、无名指、小指相叠，食指伸直。

（6）剑指：拇指与无名指、小指相叠，中指与食指并拢伸直。

（7）响指：无名指、小指屈，拇指与小指用力摩擦打响。

（8）拳：四长指握拳，拇指第一关节扣在食指与中指的第二关节处。

（9）舞蹈手型：应用拉丁、西班牙、芭蕾等手型。

2．常用的上肢动作

（1）屈：关节角度减小，如肘关节屈、肱二头肌收缩。

（2）伸：关节角度增大，如肘关节伸、肱二头肌舒张。

（3）上提：屈臂或直臂由下举提至胸前或体侧、三角肌收缩。

（4）下拉：屈臂或直臂由上举或侧举拉至胸前或体侧。

（5）摆动：以肩关节为轴，屈臂（直臂）在 180° 同时或依次运动。

（6）屈臂摆动：屈肘在体侧自然地摆动，可同时摆动或可一次摆动。

（7）冲拳：屈臂握拳由腰间同时或依次冲至某位置。

（8）推：手掌由肩侧同时或依次冲至某位置。

（9）振：肩、胸、肘关节小幅度快速做振臂式的屈伸。

（10）绕和绕环：以肩关节为轴，手臂 180° 至 360° 之间的运动为绕，大于 360° 以上的动作为绕环。

（11）交叉：两臂重叠成 × 形。

（三）躯干动作

在健美操练习中，躯干部位通常起稳定身体的作用，因而肌肉力量的平衡尤为重要。发展躯干肌肉的方法有很多，可徒手、使用轻器械或固定器械。

下面只介绍发展躯干肌肉的基本动作和方法。

1．头颈部

（1）屈：头颈关节角度的弯曲，包括前屈、左屈、右屈。

（2）转：头颈部绕身体的垂直轴的转动，包括左转、右转。

（3）绕：头以颈部为轴心的弧形运动，包括左绕、右绕。

2．胸部

（1）含展胸：直臂或屈臂做内收动作，通常与手臂的外展结合进行。

（2）左右移胸：两臂侧平举，胸部左右水平移动。

3．肩部

（1）提肩：肩胛骨做向上的运动。

（2）沉肩：肩胛骨做向下的运动。

（3）绕肩：以肩关节为轴做小于 360° 的运动。

（4）肩绕环：以肩关节为轴做 360° 的圆形动作。

4. 背部

（1）背部肌肉主要有背阔肌、斜方肌、菱形肌和大圆肌、小圆肌，当其收缩时，可使肩关节外展、下沉，使臂伸和在垂直方向内收。

（2）外展：屈臂或直臂做外展动作，通常与臂的内收结合进行。

（3）上举下拉：两臂由侧上举下拉至髋侧。

5. 腰腹部位

（1）腰屈：髋部不动，上提前屈或后屈。

（2）屈髋：上肢不动，镜向前或侧屈。

（3）转腰：下肢不动，上体沿垂直轴扭转。

二、竞技健美操基本动作

竞技性健美操比赛套路始终保持了传统有氧操的特点，规则规定成套动作必须包括7种健美操步伐，但动作规格上稍有别于健身健美操，对关节和四肢的位置要求更高，在完成上强调正确地控制、协调、灵活、流畅的动作变化。

（一）踏步

腿屈于腿前，髋与膝保持弹动；膝、踝关节放松，落地时脚尖圆滑地过渡到脚跟；上体表现出腰腹的控制力量保持自然的直立；整个过程感觉向上不下坠。

变化：包括角度、高度、方向的变化，如V字步、转体步等。

（二）后踢腿跑

上体保持正直，单腿屈膝向后。摆动腿的小腿，最大幅度地向臀部后屈；髋和膝在一条线上，脚面绷直表现出控制力，落地缓冲时脚尖滚动至脚跟着地。

变化：包括各种角度和方向的动作变形。

（三）吸腿跳

上体保持正直吸腿，摆动腿髋与膝最大限度地弯屈，关节角度不小于90°，达到最高点时小腿垂直地面，脚尖绷直。

变化：包括各个空间、角度、高或低强度的动作变形。

（四）踢腿跳

屈髋做直腿高踢的动作，屈起腿在髋部前或侧运动，踢起腿的高度不低于肩，支撑腿伸直，动作过程中上体自然直立，脚面绷直。

变化：包括各个平面、高度、高或低强度与方向的动作变形，如中踢、高踢和垂直踢。

（五）开合跳

两腿跳起落地成开立，两脚分开的距离大于肩宽，两脚尖向外分开，膝关节在脚尖方向上弯屈。并腿时，脚跟并拢，脚尖向前或外开。这个过程上保持自然直立，跳起动作控制有力，脚尖过渡至脚跟缓冲。

变化：包括各个角度的髋、膝关节的高或低强度的动作变形。

（六）弓步跳

脚部由并拢或分开开始，跳起落地，一条腿向后蹬直，一条腿弯曲，前后成一条直线。低强度动作时，身体微前倾使前腿负重，颈与脚跟成一条直线；高强度时双腿前后交替跳动，重心在两脚之间。

变化：包括各个空间、角度、高或低强度的动作变形。

（七）弹踢腿

起始动作为髋部伸展的后踢腿跑，小腿后屈向下方踢腿。摆动腿表现出制动动作，整个过程表现出很好的控制力。

变化：包括各个空间、角度、方向、高或低强度的动作变形。

三、健美操基本动作教学的注意事项

（一）科学、合理

首先，要在思想上重视基本动作的练习，在实践中狠抓基本动作的练习。其次，内容安排要合理、有计划地进行。动作学习要循序渐进，由单个动作到组合动作，由原地练习到移动并增加方向性的变化，由大肌群到小肌群。最后，动作组合的设计要科学，连接要合理，要符合运动的惯性。

（二）全面、系统

健美操基本动作包括身体各个主要部位和主要肌群的练习。在实际练习中，要耐心进行每一个部位基本动作的练习，要全面影响身体。此外，练习的内容要逐步扩展。同时，要加强基本动作的动作规格、肌肉控制的要求，使练习更加有效。

（三）趣味多样

基本动作是健美操动作的基础，缺乏趣味性，因此在练习过程中要注意动作本身和组合动作选择上的巧妙设计，增强动作练习的趣味性，增强练习者练习的积极性和主动性，使练习更加有效。

第二节 健美操运动组合动作

一、姿态组合

预备姿势：直立。

（一）手臂波浪练习

1 拍：右臂向左侧上方波浪，还原。

2 拍：同 1，方向相反。

3 拍：右臂由外向内向外绕环一周，还原。

4 拍：右臂由侧向上波浪一次，还原。

5 ～ 8 拍同 1 ～ 4 拍，方向相反。

（二）身体波浪练习

1 拍：右腿屈膝半蹲，左脚尖向 1 点方位，同时两臂成二位手。

2 拍：右腿伸直，重心移至左腿，左右臂成五位手。

3 拍：右臂前伸，做身体前波浪，重心移至右腿，两臂成七位手。

4 拍：还原。

5 ～ 8 拍同 1 ～ 4 拍，方向相反。

（三）含胸、展胸练习

第一个八拍：

1 ～ 4：左右臂依次体侧波浪各 2 次。

5：左腿向前成弓步，同时两臂经侧前举交叉（掌心向上）含胸低头。

6：翻掌向斜上方波浪一次。

7：重心移至右腿，左脚尖前点，两臂向斜上方波浪一次。

8：还原。

第二个八拍：同第一个八拍动作，方向相反。

（四）斜举波浪练习

1 拍：左脚尖前点，重心在右腿，两臂成二位手。

2 拍：重心前移，两臂成七位手。

3 拍：右脚尖侧点地，左臂斜上举波浪，右臂斜下举波浪。

4 拍：还原。

5～8 拍同 1～4 拍，方向相反。

（五）屈伸练习

1 拍：左脚尖点右足弓旁，左膝内扣；同时左臂侧波浪，两腿屈伸一次。

2 拍：同 1 拍动作。

3 拍：左脚侧出一步，右脚尖点左足弓旁，两腿屈膝、含胸、两臂体前交叉。

4 拍：左脚侧点地，两臂成七位手；拍：同 3 拍动作，方向相反。

6 拍：同 4 拍动作。

7 拍：左脚侧点地，两腿微屈，重心左移，两臂斜上举波浪。

8 拍：同 7 拍动作，方向相反。

（六）综合练习

第一个八拍：

1 拍：左脚侧点地，两臂经前交叉至侧举。

2 拍：微转 90° 成左弓步，上体前倾，右臂前举，左臂后举。

3 拍：两臂依次前后绕环，右臂成前举，左臂置于体侧。

4 拍：左腿伸直、重心前移。

5 拍：右脚侧点地，两臂成二位手。

6 拍：重心移至右腿，左脚侧点地，两臂成七位手。

7 拍：上右脚，左后转体 270°，三位手立距。

8 拍：还原。

第二个八拍：同第一个八拍动作，方向相反。

二、基本动作组合

预备姿势：直立。

第 1 个八拍：1～8 拍两腿原地踏步，两臂体侧自然摆动。

第 2 个八拍：1 拍两腿原地并拢弯屈，两手体前击掌一次；2 拍两腿原地并拢伸直，两手放于体侧；3～8 拍依次同 1～2 拍。

第 3 个八拍：1～4 拍左脚开始向前踏步 4 次，两臂体侧自然摆动；5～6 拍左脚在右脚前交叉点地，同时两手体前击掌一次；7～8 拍同 5～6 拍，换右脚做。

第 4 个八拍：1～4 拍左脚开始向后踏步 4 次，两臂体侧自然摆动；5～8 拍同上一动作 5～8 拍。

第 5 个八拍：1～4 拍原地踏步向左侧转体 90°，两臂体侧自然摆动；5～8 拍左脚向前成左弓步，两手握拳经体侧至平举，拳心相对。

第 6 个八拍：1 ～ 4 拍原地踏步向右侧转体 90°，两臂体侧自然摆动；5 ～ 8 拍左脚向后成右弓步，两臂体前交叉至侧平举，掌心向前，五指分开。

第 7 个八拍：动作同第 5 个八拍，反方向做。

第 8 个八拍：动作同第 6 个八拍，反方向做。

第 9 个八拍：动作同第 1 个八拍。

第 10 个八拍：1 ～ 8 拍原地开合跳 4 次，两臂侧平举。

第 11 个八拍：动作同第 10 个八拍。

第 12 个八拍：动作同第 10 个八拍。

第 13 个八拍：1 ～ 2 拍左脚开始向左转 45° 左前吸腿跳，同时右手握拳屈肘于体前，左手握拳直臂斜上举；3 ～ 4 拍同 1 ～ 2 拍，换右脚做；5 ～ 6 拍左脚前踢腿跳，右臂体前、左臂体侧平举；7 ～ 8 拍换右脚做。

第 14 个八拍：动作同第 13 个八拍，反方向做。

第 15 个八拍：1 拍右脚向右斜前方上一步，同时右手并掌同右脚方向斜下举；2 拍左脚在右脚后点地，同时右臂屈肘向上，左臂放于体侧；3 拍同 1 拍换左脚做，方向相反；4 拍同 2 拍换右脚做，方向相反；5 ～ 8 拍左脚开始向后踏步 4 次，两手并掌从胸前平举至体前侧。

第 16 个八拍：动作同第 15 个八拍。

第 17 个八拍：1 拍右脚向右侧一步，两臂体前冲拳，拳心向下；2 拍左脚在右脚后交叉一步，两手握拳至腰间，拳心向上；3 拍同 1 拍；4 拍左脚并右脚、两手握拳至腰间，拳心向上；5 ～ 6 拍右脚弓步跳一次，冲左拳至体前，右拳握腰间：7 ～ 8 拍同 5 ～ 6 拍，换左脚做。

第 18 个八拍：动作同第 17 个八拍，方向相反。

第 19 个八拍：1 ～ 8 拍原地后踢腿跑，两手体前击掌。

第 20 个八拍：1 ～ 2 拍左脚向前弹踢腿一次，右臂体前、左臂体侧平举；3 ～ 4 拍换右脚做；5 ～ 8 拍同 1 ～ 4 拍。

第 21 个八拍：动作同第 19 个八拍。

第 22 个八拍：动作同第 20 个八拍。

第 23 个八拍：动作同第 1 个八拍。

第 24 个八拍：1 ～ 6 拍原地踏步，7 ～ 8 拍并步立正。

第三节　健美操运动基本技术

健美操运动基本技术有弹动技术、平衡与重心移动技术、身体控制技术和落地技术等。

一、健美操运动的弹动技术

弹动技术是健美操最重要的技术之一，是体现健美操的最基本特征，用以区别其他运动项目的重要因素之一。

弹动主要依靠踝关节、膝关节、髋关节的屈伸缓冲而产生，它的主要作用是减少运动对关节的冲击力，从而减少运动对人体造成的损伤。值得注意的是，在屈伸的过程中，腿部的肌肉要协调用力控制，才能有效地防止损伤，并产生流畅的缓冲动作。

在练习缓冲动作时，可以先从练习踝关节的屈伸动作开始。练习方法为双腿原地站立伸直，立踵、落踵，在充分掌握了踝关节的屈伸之后，再做膝与髋关节的弹动练习。练习方法是双腿原地直立伸直，身体正直屈膝半蹲，膝关节不要超过脚尖的位置，同时髋关节稍屈，注意髋关节运动时身体稍微前倾，但臀部不要向后提。这两部分的动作已经熟练后，把它们连接在一起使之形成完整的弹动与缓冲。在踝关节的缓冲过程中，最主要的肌群为小腿的后部肌群，而膝关节和髋关节的运动主要由大腿肌群、臀部肌群、腹部肌群和腰部肌群参加运动。做弹动练习时，参与运动的肌群在整个运动过程中要有控制，使动作流畅。

二、健美操运动的平衡与重心移动技术

人体运动时，使整个运动过程稳定是至关重要的。在健美操动作中，人体的平衡是保证运动安全、平衡和流畅的重要因素之一。人体运动时重心是随运动而变化的。生物力学告诉我们，运动中的力应该尽可能地保持重心的平稳。健美操动作中，人体要靠维持原有的平衡与克服运动所产生的倾倒来保持动作的稳定性。由于重力的作用与运动所产生的力的作用，人体的平衡性发生变化。因此，要利用人体的运动机能给予的能力来保持人体的平衡与稳定。常用方法如下：

（1）加大支撑面积。利用四肢来加大支撑面积，如双腿比单腿稳定、分腿比并腿稳定。双臂与双腿同时宽距离支撑，支撑面积最大，稳定性也最好。

（2）降低重心。运动中重心越低稳定性越好，直立要比腾空稳定，半蹲要比直立稳定。

（3）重心偏离的稳定。人体运动中重心不可能是永远平衡的，而是随着运动方向的力而变化（包括人体本身的发力与外力）。人体在生理机能上有平衡补偿功能，在运动中重心偏离时，可以利用人体本身的配重进行调节，当重心偏离一方时，身体利用肢体的伸展与收缩来调节身体两侧的比重而使重心发生变化，同时，还可以利用肌肉的发力与控制来进行调节，如肌肉的反向用力与肌肉收缩产生的牵拉等。在某种意义上讲，人体的平衡、失衡、再平衡的过程造成了健美操的运动美。

三、健美操运动的身体控制技术

（一）身体姿态的控制技术

健美操的身体姿态是根据现代人的人体与行为美的标准而建立的。通常人体在整个运动当中非特殊条件下，应该保持躯体自然挺拔，头部稍昂起，颈椎、胸椎、腰椎保持正常的生理曲线（不包括特殊动作与难度缓冲动作等）。四肢的位置根据具体的动作要求，应该在准确的位置上，最常见的有站立，躯干保持上面所说的状态，双腿并拢伸直。还有蹲，躯干保持上面所说的状态，臀部收紧使整个身体保持垂直地面并屈膝。手臂的基本位置同基本动作中所描述的那样。健美操的动作千变万化，但是每个动作都应该有具体的要求，从整体上讲应该伸展时尽可能平直，弯屈时要有明确的角度，而四肢的位置是相对躯干的位置而运动的。

（二）操化动作的控制

操化动作的控制是指操化动作的肌肉发力与控制。健美操的每一个操化动作要求应该有清楚的开始与结束。动作开始时位置准确，过程中肌肉用力使动作有加速运动，但不要用力过猛致使肌肉僵硬，结束时有明显的停顿，肌肉的用力要做到有力而不僵硬，松弛而不懈怠。

四、健美操运动的落地技术

落地缓冲的主要目的是使身体尽可能地保持稳定，同时减少地面对关节、肌肉的冲击力，避免造成运动损伤。

健美操动作的落地技术一般是由脚跟过渡到全脚掌或由前脚掌过渡到全脚掌，然后迅速屈膝、屈髋缓冲。所有动作在瞬间依次完成，用以分解地面对人体的冲击力。同时，躯干与手臂保持良好的姿态，肌肉用力控制以保持动作的正确与稳定。

第三章 健美操运动音乐的选配

第一节 健美操运动音乐的特点与作用

健美操运动定义中的第一句话就是“在音乐的伴奏下”，所以说健美操运动是离不开音乐的。音乐不仅能激发练习者的情绪，提高练习者的兴趣，还能发展练习者的想象力和表现力，培养其动作的韵律感和节奏感，促进其身心的全面发展。音乐还有助于练习者合理掌握力的运用，以达到准确、轻松自如地完成动作的目的。可见，音乐与健美操的有机联系是该项目的特征。

一、健美操运动音乐的特点

健美操音乐是为了配合健美操练习所选用的一种音乐。因此，它要以健美操的动作为主要的依据进行选择。健美操的动作是一种对身体具有很好锻炼效果的练习，它拥有独特的动作节奏，具有一定的力度，并且动作的幅度有大有小，动作的速度有快有慢，动作的姿态优美而具有力量。因此，要使健美操充分发挥它应有的作用，不仅要注意动作的完成，还要选择与该动作相适应的音乐。健美操音乐的特点主要体现在以下几个方面。

（一）音乐节奏鲜明，乐段分明，节拍清晰

健美操音乐就像在练习健美操时所发出的口令，是动作的节拍。在音乐中周期性地出现 1 拍、2 拍或 4 ～ 8 拍这样的节拍，其中有一拍为强拍，其余节拍为弱或次强拍。强弱节拍在整个成套的动作中反复地出现，形成了有规律、强弱互换、富有感情色彩的旋律。因此，健美操的动作和音乐的节奏要十分吻合才能协调一致，不然反而使得健美操的动作和音乐的节奏合不上节拍，让人感觉健美操难以接受、不好掌握。所以，音乐的节奏清晰能让练习者很容易地辨别强弱节拍的互换，中间的规律也比较容易掌握，还能使动作的力度效果更好地表现出来，练习者在轻轻松松的环境下既锻炼了身体，又使得自己的心情变得舒畅。人们选择健美操就是因为它的音乐节奏鲜明、乐段分明、节拍清晰、容易掌握，让人在参与这项运动后达到了他们需要的锻炼效果。

（二）调节情绪

音乐作用于人的听觉，音乐能使练习者产生一定的联想和想象，从而在自己头脑中形成一定的富有情感的意象，在情感上受到它的感染和陶冶。因此，音乐对人的情感、情绪变化以及人体的运动等都有直接的影响。健美操之所以受到人们的热爱，除了练习本身的功效性、动作的时代性，另外一个很重要的因素就是现代的音乐给健美操带来了新的活力。练习者听到旋律优美的音乐或极其强劲的节奏之后，会产生情感上的联想，进而产生一种想去参与、想去活动、跃跃欲试的感觉。

健美操音乐不但能让练习者很好地、轻松地掌握动作的节奏和动作的节拍，而且具有陶冶美的情操、提高对美的欣赏能力的作用。因此，它的旋律应该是轻快、优美或者浑厚、沉稳、热情、奔放的，而不应该是哀怨、消沉、伤感的。选用一些健康、活泼的音乐曲调，能够让人振奋精神，消除身心紧张和疲劳；能够增强练习的效果和提高欣赏的价值；更能够激发练习者的情绪，获得心理和生理上的平衡。人们在健美操运动中享受着生理、心理的双重愉悦，让人感觉到超凡脱俗的奇妙感觉。

（三）调节身心

音乐能够对人的生理和心理产生许许多多的影响。不同的节拍、旋律、音调和音质，都能对人体起到兴奋、抑制、松弛、镇静、催眠等不同的作用。比如，快速、愉快的旋律可以加强肌肉的张力，振奋精神；音调柔和、节奏徐缓的乐曲可以产生镇静、安神的作用，使人呼吸平缓舒稳；优美的曲子能够使人感觉到轻松愉快。不同的曲调可以产生不同的情感反应，如 E 调安定、D 调热烈、C 调和顺、B 调哀怨、A 调抒情、G 调浮躁、F 调激荡等。音乐通过声波有规律的频率变化，作用于大脑皮质，并对丘脑下部、边缘系统产生效应，调节激素分泌、血液循环、胃肠蠕动、新陈代谢等，从而改变人的情绪体验和身体功能的状态。多听音乐能够陶冶性情、调整心境，日久可对人的情绪、态度、行为和性格产生良性影响，成为具有修养、适应能力强的人。

健美操音乐也具有这样的效果，不但能使人的身心得到一定的调节和提高，并且在这样的音乐伴奏下参与健美操运动还能使练习者得到更好的锻炼。

（四）跳跃性节奏的音乐更具感染力

音乐对健美操起了非常重要的支配作用。音乐旋律的抑扬顿挫、速度的时快时慢，这种具有一定跳跃性的节奏能够使健美操练习者练习起来更具感染力。一套健美操动作选配的音乐速度一般为 144 ～ 180 拍 / 分钟，这时就能形成一种节奏强烈、明快、跳跃的感觉，这种氛围对人有很大的吸引力，使健美操动作的韵律感、节奏感更加强烈地表现出来，感染的效果也随之加强。随着旋律的渐渐深入，音乐慢慢地将人带入意境，这时练习者就能开开心心地享受健美操所带来的美妙时刻；这种气氛还能够使旁观者深受感染，使他们也有一种跃跃欲试、情不自禁的冲动，自己也想来跳一跳。摇滚等现代风格的音乐具有上述的几个特点，很适合健美操练习者练习。另外，还可以采用具有鲜明节奏的民族乐曲，使健美操这项运动更具魅力，吸取其他舞种或运动的长处来充实自己的内容，不断创新。健美操之所以受到大家的欢迎，还有一点就是长期练习健美操的人会受项目启发逐渐具备创新的能力，在锻炼身体的同时既得到了愉快的心情，还培养了创新的能力。

二、音乐在健美操运动中的作用

音乐是健美操意境的一种重要表现形式，好的音乐能够强烈震撼人的心灵，将听众引入美妙的艺术境界。健美操中的音乐可以激发练习者的情感，情感是健美操与音乐内在的脉搏。

音乐是通过有组织、有规律的乐音来表达人们的思想感情和反映社会现象的一门艺术。音乐能够对人们的神经和肌肉发生作用，主要靠节奏来起作用。人的听觉对声音，尤其是音乐、音响非常敏感，对节奏的反应非常强，其中的原因是人体和音乐都存在着有规律、有节奏的变化，频率差不多。因此，音乐能对人体运动产生良好的影响。健美操音乐对运动着的人在情绪感染上有一种较为直接的影响，音乐在空间所具有的扩散力和穿透力能够对人的生理、心理产生一种强烈的刺激力和影响力。音乐最能反映人体运动美的内涵，人体技能伴随着情感表达在特殊意境中得以升华，使人体的动与情、形与神、身与心相互交融产生共鸣。音乐这种特殊的表现和它的旋律运动能直接表达人们内心细致复杂的情感活动，根据这一审美特点，音乐结合健美操中的韵律必须有一种自然的、诱人的魅力联系。单一的健美操运动就像无声电影中的一个个镜头，虽有动感但不完善，只有配上与之相适应的音乐，才能完全表达它的内涵存在。因此，创编一套高质量健美操时，其动作必须随着音乐的启动而开始，随着音乐的转折而变化，随着音乐的进行而延续，这样才能给人以余音绕梁、形影难忘的感觉。可以说，健美操中的音乐具有其他项目所不可替代的功能。音乐在健美操中的作用应该体现在以下几个方面。

（一）激发情感，陶冶情操

情感是健美操内在的脉搏，音乐作为独立的艺术门类有其自身的特点和规律。健美操音乐多采用爵士乐、摇滚乐以及轻音乐等，其重拍强音在与轻拍弱音的对比中突出显现，其节拍的强弱、张弛交替给人的听觉以强烈的共鸣。因此，健美操音乐激发情感的功能比其他音乐更为强烈和生动。

健美操音乐是一种特殊的艺术和“激素”，利用不同风格的音乐，给人以不同的享受和美感。它可以使气氛活跃，让人们感到紧张而又松弛，虽累而不厌倦，虽流汗却感轻松。音乐就像指挥棒一样，指使练习者不停地处在兴奋、愉快的运动中，令音乐成为动作节奏和力度的号召。音乐能使练习者不由自主地融入节奏之中，增强动作的协调性，使之富有美感。练习者从自身的形体、姿态中可以看到自己的收获，进而提高对美的欣赏能力和理解能力。音乐还可以使人们在欢快声中尽情表达自己的思想感情，产生丰富的情感联想，从而提高动作的表现力，培养高雅的情操、豁达的胸怀。

（二）有利于掌握健美操的技术动作

选择适宜的音乐进行健美操练习，可以加速学习过程、增强练习效果。在音乐的伴奏下，练习者不仅易于更好地掌握动作和表现动作，还能够建立动作的正确概念，激发丰富的想象力和动作的表现力。音乐能够帮助练习者合理掌握力的运用，体会到动作的正确感觉，更快、更好地记住动作，掌握好动作要领，增强对健美操的理解和记忆，使动作更加优美、协调、准确。

（三）对健美操练习者生理、心理的影响

实验表明：运动与音乐配合可以增强神经系统的兴奋性，减缓疲劳，增强锻炼效果；同时，还可以改变练习者的心境，减轻锻炼时的单调感和枯燥感，改善自我调节能力，轻松地完成各个不同的动作，达到增加力量和增强心肺功能的效果。柔美动听的音乐与自由舒展、缓慢柔和的运动结合起来；浑厚、强劲的音乐则与紧张、激烈等事物或运动结合起来。在音乐的作用下，练习者的呼吸、血压、心跳以及肾上腺皮质激素和肾上腺素的分泌都会有相应的变化，伴着节奏欢快的乐曲进行健美操运动，仿佛将一种情绪冲动用一种节奏编织起来，产生一种向往和追求完美的心理趋势，从而调动了人的神经力量和体力。此外，音乐对人的神经系统的兴奋状态和脑电、肌电等都会有影响。在练习健美操时，有音乐伴奏和无音乐伴奏对练习者的身体影响是有显著差别的。所以，健美操是一项能舒解烦闷心理、排除精神紧张的美妙的运动。

（四）对健美操动作的创编和设计具有激发灵感的作用

音乐使人产生联想，音乐节拍的轻重、音乐旋律的和谐柔美、音质的浑厚动听都会使人的大脑皮质兴奋灶与兴奋灶之间产生多种形象的联系，激发人的想象力、创造力和创造灵感，把音乐艺术的“声”引入健美操的“形”中，进而更好地创造出与音乐相融合的健美操动作，使其在最大程度上表现音乐的内涵。

第二节 健美操运动音乐的选择

一、影响健美操运动音乐选配效果的因素

通常，人们在音乐的伴奏下跳操。对很多人来说，健美操就是在音乐的情感和意境的启发下，用身体演绎出节奏和活力的一种运动形式。然而，音乐和健美操的关系不能简化为仅仅是在时间范畴内的简单的“粘贴”，而是在健美操动作编排的结构中给音乐一个位子，更不能把音乐看作健美操动作的附属品，而应把它作为创造的组成部分。从音乐的角度来考虑健美操动作编排，通常有多种方式处理音乐。

演绎式：聆听音乐，领会音乐，沉浸在音乐中，让动作像音乐那样流畅。

对抗式：不理会音乐的提示，创造一种对抗的表演手法，让健美操的动作节奏和音乐的节奏之间产生一种对比。

对话式：在编操中专门给音乐留出一个位置，让它单独表现，充当跳操者的伴侣。

无视式：在编操中不考虑音乐，让音乐独自生动地进行，和健美操平行存在。

变化式：编操中常出现这种可能，即准备阶段受一种音乐的启发，最终换另一种音乐表演。这经常会产生意想不到的绚丽多彩的效果。这就要求在选用音乐的时候，要充分考虑影响健美操音乐选配效果的基本因素。

（一）音乐节奏与动作的相关因素

音乐节奏是通过节拍来表现的，是乐音长短和强弱关系的统称，也是乐段与乐段之间长短和强弱关系的体现。动作节奏是指完成动作之间所表现的用力强弱、用力时间长短与动作幅度大小等方面的关系，它是健美操特点的体现。一般来讲，音乐的节奏是不可以改变的，而动作的节奏却是可以发生变化的，它在一

小节音乐中可以做一个动作，也可以做几个动作。然而，无论是怎样的动作节奏，一定要严格按音乐节奏的要求来完成，使动作和音乐完全融合，这样才能增强健美操动作的震撼力和表现力。目前，国际流行趋势是成套操中有不同的音乐节奏和动作节奏的变化，以此来增强整套操的多样性和展现练习者完成不同性质动作的能力。

（二）音乐旋律与动作的相关因素

（1）健美操的音乐旋律必须通过动作将其形象化。旋律的形象化泛指用健美操的动作来表达音乐的意境，展现音乐所塑造的艺术形象。要达到这个目的，音乐就要有系统的结构，包括开始、发展、节奏的变化、高潮、结束等连续性的音乐形象。

（2）健美操的音乐旋律必须与动作变化配合一致。健美操的动作本身具有很强的节律性和变化性，动作的快慢、用力的强弱、幅度的大小、方向的转换、姿势的高低起伏等，均与音乐的旋律紧密联系着。动作的变化与音乐的旋律配合一致，就会产生“共振”的效果，增强整套操的表演性，使观众的情感体验不由自主地随着表演者的表演逐渐升华，进而产生共鸣。

（三）添加音效与动作的相关因素

成套操中大量音效的添加是健美操的音乐特色，音效对动作能起到夸大、增强效果及对动作进行提示等作用。添加的音效越鲜明，定位越准确，健美操创编者的才华和表演者的水平也越能最有效和最准确地表现出来。

（四）竞技健美操动作与音乐的相关因素

1. 动作强度与音乐的相关因素

竞技健美操的动作强度取决于动作频率、速度、幅度、耐力、重力、移动，练习者水平越高，动作强度越大，选用的音乐节奏也越快。

2. 动作风格与音乐的相关因素

一套好的竞技健美操必须有自己独特的风格与主题，而这是通过音乐与动作的选配和它们的协调配合表现出来的。目前，健美操音乐的选择大多取材于外国的迪斯科、爵士乐和摇滚乐。此类音乐节奏欢快、铿锵有力，能增强动作力度和表演效果，但缺乏特色，千篇一律。现在比较优秀的健美操编排教练在音乐的选择上都注意挖掘和采用具有特色的主题音乐。

3. 整体效果与音乐的相关因素

竞技健美操的动作可分为组合动作、过渡动作、难度动作三种形式。这三种形式的动作通常均匀地安排在整套操的各个部分，而且必须有相应的与之协调的音乐配合。例如：起始部分的造型动作一般是体现动作主题的音乐；快速高潮部分的复杂动作一般是欢快强劲的音乐，也是体现风格的特色动作；而回味无穷的结束动作则必须与终止的音乐织体相匹配。

二、选择健美操运动音乐的原则

音乐是健美操的灵魂，选择音乐时要遵循一定的原则。音乐是健美操不可分割的部分，它不但是培养节奏感、表现力和美感的重要因素，而且能激发练习者的情绪，减少疲劳或推迟疲劳的出现，可以说音乐是健美操的灵魂。节奏明快、刚健有力的健美操音乐，给人振奋和激情，使人们情不自禁地加入健美操锻炼行列中。当观众把所视之景与所听之律叠在一起并与自身的情感相融时，则会感受到极大的心理满足，同时陶冶了人们的情操。因此，健美操中的音乐不容忽视，在选择音乐时要遵循一定的原则。

（一）动作要与音乐的风格相一致

健美操动作的编排取决于音乐风格，音乐主题思想所表现的风格就是我们编排动作的风格。在选择健美操音乐时，要选择热情、奔放、积极向上、具有时代感的音乐，让观众直接感受到创编者的意图和表演者的表现，能直接起到交流、沟通、互动的作用。全国第一套大众健美操选用的音乐是以《潇洒走一回》为主的脍炙人口的乐曲，在这套操的动作和曲中，人们很容易被吸引和感染，每一节动作的变换和重复以及速度快慢的转换都很清晰，所以在做这套操时不知不觉地就能够连接自如。当然，成套操的主题风格应清晰、感知性强，避免在一套操中出现两首风格不同的音乐，如爵士乐突然变换成民族音乐，其音乐情景截然不同，会使人感到不协调，所以说保持乐曲的完整性很重要。一首好的音乐为创编一套优秀的健美操起了至关重要的作用。

（二）保持音乐节奏与动作节奏的协调性

健美操节奏的编排一定要以音乐的节奏为依据，并使两者有机结合融为一体，展现健美操运动所独有的动感风格，进而突出体现健美操项目的节奏美这一美学特征。例如，一套节奏轻快、刚劲有力、以现代舞为基调的健美操，应选择节奏比较强烈、狂放直率的音乐；而一套节奏稍慢、动作优美以舞蹈为主基调的健美操，应选择优美动听、速度适中的音乐；技巧变化较多、难度较大的健美操，应选择节奏分明、速度稍慢的音乐。只有动作的节奏和音乐的节奏配合一致，才会产生共振的效果，给人以和谐统一的感觉；否则，健美操就失去了其独特的艺术感染力。

（三）音乐的速度设定要适宜

健美操音乐速度的设定要依据音乐主题和创编者的意愿来决定。在选择音乐时，要符合动作组合的性质和特点，音乐的节奏与动作的节奏要相互兼容。健美操音乐一般采用 4/4 拍和 2/4 拍的节奏明快、力度感强的乐曲，因为这种节拍的特点是强弱拍交替出现，律动感比较强，是健美操音乐的首选，同时运动员在表演中也容易掌握。在速度方面，竞技性健美操要求音乐速度为 10 秒 26 拍以上，而在学校的教学中，健身性健美操为 10 秒 22 ～ 26 拍为宜。音乐速度的快慢将直接影响表演者动作速度的快与慢。相比之下，快节奏的音乐更容易增强一套动作的灵活性，也更易于引起观众的共鸣。所以，音乐的控制应在一个合理的范围之内，并不是越快就越好，关键是适合运动员的动作能力。速度太快了，表演者的动作容易变形，幅度就会受影响，那么在表演时动作的完成质量就会受限制，给人的视觉印象就会大打折扣了。

（四）保持音乐结构与动作布局的统一性

健美操的动作可分为趣味性动作、连接性动作、难度动作三种形式。这三种动作通常被均匀地安排在整套健美操的各个部分，而且必须要有相互协调的音乐与之配合，才能吸引观众和练习者，给人留下全新的印象和深刻的体验。例如，起始部分的造型动作一般选用的是体现动作主题的音乐，高潮部分的复杂动作一般选用的是欢快强劲的音乐，体现风格的特色动作选用的是与之协调的音乐，结尾部分的结束动作则必须与有终止符号的音乐相匹配。在音乐旋律中音效的添加要与动作的编排相结合，做到协调统一，这样才能烘托效果，打动观众，给人留下深刻的印象。

（五）保持音乐选择与练习者个人特点、乐感的融合性

竞技性健美操音乐要符合运动员的特点和音乐感悟。每位运动员的身体条件、性格、表现力以及音乐的天赋各不相同，因此在音乐的选择上也要有所区别，应以充分发挥个人特长为原则，选择适合个人特点、表现力的音乐。例如，个性开朗、体态健美、富有表现力的运动员，可以选择节奏比较快并富有感情色彩的乐曲。

（六）保持音乐与竞赛规则、传统的配合性

音乐表达应与竞赛规则相一致。竞赛规则规定：大众健美操的音乐必须在 2 分 30 秒至 3 分钟，音乐速度必须在 2.2 ～ 2.6 拍 / 秒；竞技性健美操的音乐必须在 1 分 30 秒左右，音乐速度必须在 2.4 ～ 2.7 拍 / 秒。音乐主题则要求是积极上进和健康的，成套音乐的风格与运动员成套动作的风格相配合。

三、选配健美操运动音乐的注意事项

要充分体现健美操音乐的特点和发挥音乐的功能，根据不同种类的健美操选配与其相适应的音乐是非常关键的。所以，在选配健美操音乐时应注意以下三个问题。

（一）音乐与健美操风格的融合性

健美操是“健、力、美”的统一体，强调美与力的结合，所以健美操音乐旋律要强劲、动听，力求新颖，富有变化，节奏鲜明。根据不同种类的健美操应选择不同特点的音乐。

（二）音乐与动作风格的谐和性

健美操动作的速度、方向、幅度等方面变化较多，因此在选择音乐时要根据不同的动作选择不同节奏的音乐伴奏。例如：身体各部位的动作练习可选用中速不太快的 4/4 拍的音乐；跑跳动作可选用快速、节奏鲜明的音乐；伸展柔和的放松动作可选用 3/4 拍的抒情性音乐。应力求动作风格与音乐的谐和性。

（三）音乐与编排的目的、任务、规则和人的自身条件的相符性

在选配音乐时应想到健美操的目的、任务是健身、比赛或表演，不同的目的和任务的健美操对其选配的音乐有不同的要求和规则。另外，音乐的节奏和速度确定应符合运动员的条件，如年龄、运动水平、体能等，这样才有利于人们完成动作，达到好的锻炼效果。

四、健美操运动音乐的选择与剪辑

在选用健美操音乐时，首先要感受和体会音乐的激情、节奏的变化、旋律的起伏、段落的反复是否符合自己的创作意图，能否充分施展技巧的难度，能否满足表现欲的释放等，只有处理好音乐和动作之间的衔接，才能把握、协调好健美操与音乐在艺术表现上的风格和神韵的统一。选择健美操音乐要注重把握以下四个对比和一个原则。

音乐强度上的对比：音乐强弱反差越大，越适合健美操展示力度上的技巧。

音乐色彩上的对比：音乐色彩上的对比往往与音乐力度的变化同步，它是调整动作形态和运动幅度的最佳契机。

音乐速度上的对比：音乐速度是调整音乐起伏和推进音乐高潮的有效手段，是表现健美操抑、扬、顿、挫的调节器。

主、副调的对比：多个音乐形象交织、对比，是音乐表现中的较高境界，给

健美操提供了更广阔的表现空间，是提高技巧表现难度和编排水平的试金石。

一个原则：要有鲜明的音乐风格，即不同的地域、时空、情感产生不同的音乐风格，健美操伴着风格迥异的音乐能尽显自身魅力。

（一）健美操运动音乐的选择范围

健美操只有与音乐达到高度统一，才能更好地表现出艺术性和创造性。健美操音乐的选择范围较广，选择时应注重音乐的强度，色彩，速度，主、副调的对比，把握鲜明的音乐风格原则。实践中，应聆听、理解与分析音乐，并在此的基础上进行编辑与创作，使健美操和音乐艺术达到和谐、完善的境地。

1. 民族音乐

民族音乐具有浓烈的地方特色和民族风格，丰富的调式色彩和音乐色彩，同时具有强烈的时代气息。民族音乐形象多样化，舞蹈性强，节奏鲜明、热情、刚健、明快，旋律亲切、优美、抒情。

2. 爵士乐

爵士乐旋律由连续不断的切分节奏组成，即兴性强，具有强有力的打击乐，节奏变化多，音色鲜明而强烈，和声丰富，表现喜乐氛围。

3. 迪斯科

迪斯科在旋律上继承了爵士乐的切分节奏，更强调打击乐，节奏感强，表现出一种旺盛的精力。

4. 摇滚乐

摇滚乐继承了爵士乐演奏的即兴性，有快有慢，以一种节奏模式反复出现且带有一种摇摆的感觉，属于激情音乐。摇滚乐表现形式有重金属及其相对的柔摇滚、混合型的乡村摇滚、流行摇滚等。

5. 轻音乐

轻音乐是轻松愉快、生动活泼且浅而易懂的音乐，往往不表现重大的主题思想，只是轻松活泼的舞曲，如电影音乐、戏剧配乐、通俗歌曲、流行歌曲、舞蹈音乐和民间曲调等。

6. 英文歌曲

英文歌曲有强烈的节奏感和震撼感，打击乐明显，音乐节奏通常较快，表现出强烈的时代特征和青春气息。

7. 世界名曲

世界名曲的曲调经典，能跨越所有时空、种族和语言的界限，也能超越人格、思想和阶层的鸿沟。世界名曲的音乐哲理性超越了音乐本身的意义，它旋律优美、形象鲜明、感染力强、表现形式多样。

（二）健美操运动音乐的剪辑方法

就音乐本身而言，它蕴含着一种情感、一种生命力，要把这一切在动作中充分表现出来，就必须对所采用的音乐有一定的理解，这样才能使动作与音乐统一。在选好音乐后的剪辑过程中，我们一定要注意音乐的完整性和两个不同主题音乐的同一性，还有二段音乐衔接时的调式问题。

1．音乐素材的选定

音乐素材的选定可以通过两种方法来进行：一种是根据现有的音乐来确定动作的编排，即根据曲子的结构和内涵来制定动作的编排；另一种是预先安排动作的结构，然后再来寻找适合的音乐。

2．音乐的剪辑

（1）同一首曲子的剪辑。根据创编者的意图，要想让音乐与动作完美结合，就需要对音乐进行剪辑。首先确定乐曲的特点、内涵、所表达的目的，再根据节拍和高潮的起伏创编一整套动作。将整套动作分成两到三个部分，按每一部分所表达的情节内容编排好节拍动作，根据动作造型、动作难度、组合变化队形、穿插过渡动作来确定音乐的长度，然后根据需要对音乐进行剪辑。在剪辑过程中要注意两点：一是不能破坏乐句的完整性，要遵循八拍的原则；二是衔接要自然，避免露出衔接的痕迹，以保持乐曲的通畅和顺达。

（2）不同音乐主题的剪辑。依据创编者的构想，在整套操变换主题意图时，往往需要用不同的音乐来表达，因此就需要对不同音乐进行剪辑，使其具有完整性和统一性。在剪辑过程中要注意两点：一是节奏不同的过渡。在两首不同节奏的音乐对接时可以用多种手段来处理，有用打击乐的鼓点来对接的，也有用休止一小节来过渡的，这些手段有时能起到意想不到的效果，总之过渡要自然流畅。二是同音高、同调式的对接比较好完成，不同音高、不同调式的两首曲子就很难处理了，可以尝试用打击乐的鼓点来过渡，或者用作曲软件的变调功能对音乐进行变调处理。

总之，不论怎么处理都不能失去音乐的完整性和统一性，还要保证音乐高潮的审美性。音乐的高潮一般也是主旋律再现的环节，剪辑时要注意让主旋律在乐曲中反复出现，给人们留下深刻而美好的印象。音乐与动作的完美和谐的统一是创编者的最终目的。

（三）健美操运动音乐的组合评价与修改

健美操乐曲的开头可由提示音或 2 个 8 拍以内的前奏音乐开始，力求新颖、独特。

为了与后面的快节奏形成对比，产生较强的视觉冲击力和听觉冲击力，通常可以先选择一段抒情的慢板音乐，但这段音乐不能太长，一般在 2 个 8 拍左右。一套动作的编排要根据音乐的节奏、速度、力度、情绪的变化而变化，因此音乐编辑时要注意 5 个因素——风格、音乐、节奏、节拍和过渡。

音乐的剪辑工作是一项耐心细致的工作，剪辑时必须头脑清晰，认真、细致地进行每一个步骤的操作，并详细记录有关的鼓点和节拍数。剪辑乐曲时，应在成套动作与音乐的反复配合中多进行实践练习，直至完成整个剪辑工作。

第三节　健美操运动音乐的运用

优美动听的音乐能使人心情愉快、情绪高昂，精神振奋、积极向上。因此，对健美操的创编者来说，音乐的选择是成功的一半，再加上富有表现力的动作，二者融为一体，可使成套动作大放光彩，充满激情。音乐的选配通常有两种方法。

一、根据音乐选择动作

在设计创编成套健美操之前，应对现有的音乐加以挑选。通常是从迪斯科、爵士乐、摇滚乐或民族音乐中选择节奏明快、旋律优美、结构较完整、长短适宜、具有较强感染力且格调健康的乐曲。对精心选择的乐曲，要分析音乐的结构特点，并根据音乐的风格特点、节奏和旋律来设计创编健美操的成套动作。选定音乐之后再设计编排成套动作，使动作与音乐的风格、旋律相一致，节奏吻合，充分体现二者（动作与音乐）的完美结合。

二、根据动作制作音乐

一般采用的方法是先大概编好动作，再找现成的音乐相配，这样就不可避免地出现动作与音乐旋律不符的状况。当选择的乐曲在时间、速度或风格等方面与动作不相符时，需将音乐重新处理或制作。因此，首先应对编好的成套动作进行不断修改，尽量使动作与乐曲和谐一致；其次，需将音乐重新处理或制作。

一是音乐的剪接。剪接的形式有两种：一种是同一首乐曲的剪接；另一种是两首或多首乐曲的剪接。无论是哪一种剪接都应注意剪接的部位，要放在乐曲有停顿、空拍或乐曲的结尾处。剪接处前后乐曲的旋律应做到相同或相似，特别是两首或多首乐曲的剪接，其乐曲的速度和旋律要相同或相似，避免在节奏和旋律方面出现不自然的现象。

二是音乐的调速。乐曲的调速有两种：一种是整首乐曲的调速；另一种是乐曲的部分进行调速。乐曲的部分进行调速在实践制作过程中比较困难。实践证明，乐曲由慢到快听起来很自然，但由快突然放慢听起来就不自然了。在具体操作时，采用以下方法效果要好一些：将调速后的音乐放完之后稍加停顿（停 4 拍），再录制减速的音乐或再调速、剪接有特殊效果的乐曲，如海浪、宇宙间一些自然的声音，但不宜过长，不能超过 8 拍，不然会影响乐曲的完整性。

三是成套音乐的制作。为增强动作完成的效果，培养学生健美操的表现能力，对成套动作的音乐可进行制作。根据成套动作的风格和每节动作的特点及某个动作的特殊性，进行成套动作音乐的创编和制作。在一些特殊动作中加一些特殊效果，能有效地提高学生的表现力和增强学生练习的积极性，对培养学生的美感意识等极为有益。

制作音乐的特殊效果的方法：在已选择好的乐曲中加特殊效果，也就是将已选择好的乐曲输入电脑，然后由电脑对储存的特殊声音信息进行合成，而后所产生的音乐即带有特殊效果的乐曲，此方法称作“Mid”制作。请专家谱写乐曲并进行“Mid”制作，已被越来越多的人所接受，也是今后的发展方向。一套具有科学和锻炼价值的健美健身操如果没有特殊的音乐进行伴奏，无论是从艺术效果上讲，还是从锻炼效果上讲，其功效性因素都将会减弱；反之，将会提高学生对健美操的兴趣和成套动作的记忆。

“Mid”音乐制作的过程如下：①向“Mid”音乐制作专家介绍每套动作的风格和每节动作的特点及所需乐曲的类型。②介绍成套动作的节数和每节动作占多少拍，及预备拍是多少拍。③根据成套动作特点向专家提出在哪节哪拍上加特殊效果。④在专家谱写好乐曲并制作完“Mid”后要同教师一道把成套乐曲和效果乐曲进行检验，把不合适和没有较好表现此套健美操风格的地方加以不断修改和完善。

三、健美操运动音乐的运用

（一）音乐的风格应该与动作的风格相一致

所选音乐的风格直接影响并决定着健美操动作的风格、结构、速度和节奏。音乐选配得好则容易激发编操者的创作灵感和练习者的锻炼激情，使健美操的创编和练习充满活力。如音乐欢快、活泼，则动作也相应地欢快活泼；如音乐强劲、奔放，则动作也相应地流畅有力；如音乐舒缓平稳，则动作也应抒情大方等。因此，在选配音乐时要注意音乐与动作的风格相一致，只有二者的完美结合，才能充分体现健美操的艺术效果，给人以赏心悦目的感觉。例如，竞技健美操应根据运动员的特点选配那些最有个性的音乐，而对于大众健身健美操的音乐选配，则应体现出民族风格，并向着突出时代特征的方向发展。

（二）音乐的节奏必须与动作节奏相一致

音乐的节奏是通过节拍来表现的，现代健美操的音乐也同舞蹈音乐一样具有 2/4 拍、3/4 拍、4/4 拍、6/8 拍等。只有以不同节拍来创编的动作与不同节奏的音乐节拍相吻合，才能协调一致。因此，一定要根据音乐的节拍强弱设计动作，或根据动作的节奏配合相应的音乐，使其有机结合，否则就会产生不协调的效果。

（三）音乐的速度必须与动作速度相一致

健美操的音乐速度通常是以 10 秒钟为单位作为设计动作速度的标准，健身健美操的音乐速度分为慢、中、快三个速度。一般慢速为每 10 秒钟 16 ～ 20 拍，中速为 20 ～ 24 拍，快速为 24 拍以上。竞技健美操为了表现健美操的特点与风格，音乐速度通常能达到每 10 秒钟 26 ～ 30 拍。这种音乐节奏具有强劲的感染力，能使运动员在多姿多彩的跳跃中激发情绪，产生兴奋，发挥最大潜能，充分表达竞技健美操的巨大魅力。而大众健身健美操的音乐为每 10 秒钟 20 ～ 24 拍，这种音乐速度下的动作不太慢也不太快，既有一定的运动量又不是太激烈的运动，充分体现了大众健美操的健身性。

（四）音乐应体现健美操的特点及练习者的年龄特点

选配音乐时要注意体现健美操健、力、美的特点，强调美与力的结合。音乐旋律要动听，力求新颖，富于变化，节奏鲜明、强劲、规整，速度适中。音乐应和动作性质一致，音乐衬托动作，动作表现音乐，使动作与音乐水乳交融。

另外，音乐速度的选择还应该符合练习者的自身条件（年龄、运动水平、本能等），健美操与其他项目相比，音乐节奏鲜明，速度较快。因此，在选择音乐时，应考虑对象的年龄特点。一般来说，青年人应选择节奏强烈的迪斯科、摇摆舞、霹雳舞等风格的音乐，使动作快速、有力、活泼；中老年人则可以轻巧、优美、欢乐的音乐为主；而对于少年儿童应选用活泼、轻快、跳跃性、节奏性强的音乐。

第四节　健身健美操音乐的选配

一、健身健美操音乐的特点

完美的动作只有在与动作风格相一致的音乐伴奏下才会使动作更富有生命力，使无声的形体语言更富有感染力，使动作本身的内涵得以淋漓尽致地展示，同时对人们的视觉和听觉器官系统产生相适宜的刺激作用，以引起人们的情感共鸣。但并不是所有的音乐都适合作为健身性健美操的伴奏，只有那些与健身性健美操动作结构、节奏要求相吻合，便于练习者在练习中强烈体会到节奏快感的音乐才能运用到健身性健美操中。健身性健美操音乐是为了配合健身性健美操的动作而选用的，因此，必须以健身性健美操动作为依据。健美操的音乐应具有以下特点。

（一）音乐节奏强劲有力、节拍清晰

（1）生理节奏（呼吸节奏、心率节奏）。

（2）运动节奏（动作技术节奏中的速度快慢、力度强弱、幅度大小、强度的增减等）。

（3）时空节奏（空间节奏、时间节奏）。

（4）色彩节奏（服装、灯光的色彩、明暗节奏）。

（5）音乐节奏，也是最重要的节奏。

斯坦尼说：节奏是一定速度和节拍中实际时值（动作、声音）与单位时值之间的关系。节奏是运动着的，任何节奏只要停止，运动便告终结，没有不运动而存在的节奏，所以节奏受时间条件的限制。无论是音乐还是动作都有强弱、张弛之分，这些要素在运动中构成了完美的整体。音乐是健身性健美操练习的口令，是动作的节拍，强拍和弱拍反复出现便形成了有规律的、强弱更替的、富有感情色彩的旋律。因此，健身性健美操的动作节奏与音乐的节拍必须相吻合，这样才能协调一致。音乐是声音的艺术，音乐作为完整的艺术形式有着自己独特、系统和完善的表达方式。在音乐的衬托下，健身性健美操更具生命力与艺术性。

（二）音乐旋律优美，具有激发、振奋人们情绪的效应

音乐对人的情感、情绪变化及对人体的运动都有直接影响。健身性健美操之所以深受人们的喜爱，除了本身的功效性、动作的时代性外，更为重要的因素是现代音乐给健身性健美操带来的活力。练习者听到旋律优美、节奏强劲的音乐后，便会产生情感联想，产生一种想参与、想活动的冲动。为了提高练习者对音乐的感受能力，要鼓励练习者经常欣赏音乐，因为音乐旋律的节奏与动作形象可在大脑皮质中形成一定的联系，可以引起联想和动作的自然反映。

（三）音乐节奏具有跳跃性，更富有感染力

据测定，当音乐速度达到 138 ～ 180 拍 / 分钟时，就能形成一种明快而强烈的跳跃性节奏，使健身性健美操动作的韵律感、节奏感反映更加强烈，感染的效果也随之加强。迪斯科、爵士乐、摇滚乐等具有现代风格的音乐，以及具有鲜明节奏的民族乐曲，都很适合健身性健美操使用。

二、健身健美操音乐的作用

健身性健美操音乐的主要作用有：激发练习者的情绪；具有号召力、感染力和娱乐功能；加强对动作的记忆和对动作美的欣赏；具有健身作用；对创编、设计健身性健美操动作具有激发作用。

（一）激发练习者的情绪

练习者在进行健身性健美操训练时，往往伴有旋律优美和节奏明显的音乐。健身性健美操配以音乐，可以激发人们的情绪。众所周知，音乐的本质是抒发人的真情实感，它借助各种声音的表象，由听觉形象来激发人的视觉形象，使人处于闻其声如临其境的状态。在音乐声中，人的情绪能够融入音乐的意境，身体各部分肌肉也不由自主地随之活动起来。这种活动的幅度和力度，较无音乐状态下的活动要大得多、有力得多。在不断变化的音乐旋律下，连续不断地重复和变化动作，可使练习者的兴奋程度不断增强，进而达到养生健身、陶冶情操的目的。

（二）具有号召力、感染力和娱乐功能

健身性健美操音乐能消除人们精神上的疲劳和紧张。无论人们处于怎样的心境，健身性健美操的音乐都会带来良好的效果，使人忘记疲劳、消除烦恼，精神上得到极大的愉悦。节奏的起伏会振奋人的精神，旁观者在音乐的吸引下也会情不自禁地想要参与，产生跃跃欲试的感觉。健身性健美操是由不同风格和难度的单个和成套动作组成的，在音乐的配合下，练习者可以掌握一些特殊的技能，学会如何表现美。在学会了这些具有一定难度的动作和巧妙的连接技巧之后，练习者便能获得由于克服了困难、达到了目标而产生的特有的心理满足感，从而增添了健美操的娱乐性。

健身性健美操的音乐与健美操相配合所产生的适宜运动负荷作用于人体，可以使人的肌纤维变粗、肌肉发达、皮脂减少、形体匀称，还可以使人的呼吸、循环、消化、神经系统等的机能提高，达到健身健美的目的。

（三）加强对动作的记忆和对动作美的欣赏

音乐旋律的节奏与动作形象可以在大脑皮质中形成一定的联系，由此可以引起联想，当达到一定熟练程度时，在音乐的旋律中就会不断出现动作形象。音乐的强弱变化为动作的力度与起伏创造了内在条件，使动作与音乐在结构上产生联系。健身性健美操的动作创编应体现动作美，应多选择刚劲有力、健美大方、富有朝气、积极快速、振幅较大、现代特点突出、具有明显锻炼价值的动作。另外，还要选择一些有利于增强腹肌力量的动作。由于健身性健美操是综合性、艺术性很强，融人体美、动作美、音乐美、姿态美为一体的体育运动项目，通过训练可以使人的身材匀称和谐、体态刚健优美、动作舒展有力。同时，在长期的健身性健美操训练中，练习者可以欣赏和领略形态美、动态美、姿态美、音乐美，从中获得美的享受和美的熏陶，从而提高自身的审美能力。

（四）具有健身作用

实验证明，健身性健美操的音乐能与练习者心跳频率产生节奏共鸣，即当音乐节奏加快时心率也相应加快，而音乐节奏减慢时心率也相应减慢。在有音乐伴奏和无音乐伴奏的情况下练习，心率可以相差 10 ～ 20 次 / 分钟，其原因是音乐的节奏可使大脑皮质中枢神经产生兴奋，给情感带来良性刺激，从而促进血液循环，使呼吸加快、心率加快。健身作用具体表现在以下几个方面。

（1）改善心肺功能，增强血液总量，增强运输氧的能力，减少和预防心血管疾病的发生。

（2）能使呼吸加深加快，从而加大胸廓的扩张能力，提高了肺活量，增强了肺功能。

（3）增强关节活力，改善骨骼的血液循环，增强骨骼的物质代谢，防止骨质疏松。

（4）塑造完美形体，对肥胖者可减少体内脂肪、降低血脂，并预防与肥胖有关的疾病；对偏瘦者则可促使其肌纤维增粗、肌力增强，从而使体形变得健美。

（五）对创编、设计健身性健美操动作具有引导作用

音乐节拍的强弱、节奏的轻重，以及音调旋律和音质的变化均会使人对各种动作产生联想。因此，根据音乐的这种特点能够激发对健身性健美操动作创造的灵感，进而创造出更好、更美的健身性健美操动作来。

三、健身健美操的音乐选配

音乐是一种听觉艺术，当它与一种视觉艺术融为一体时，便会迸发出新的生命力。健美操就是如此，正如人们常说的“音乐是健美操的灵魂”。给健美操配上明快悦耳的音乐可以帮助运动者提前进入运动状态，振奋精神，延缓疲劳的出现。音乐还可以在运动中帮助我们记忆动作，并指挥着我们按照动作与音乐的思路去表现动作，使健美操的表演更具魅力，更能引起运动者和观赏者的心声共鸣。

（一）音乐与健身性健美操的基本结构

1. 音乐的基本结构

构成音乐的三大要素是节奏、旋律与和声。

（1）节奏。节奏就是各种时值的音和各种力度的音的轮流交替和对比关系。节奏离开了旋律可以单独存在，如各种没有音的高低的打击乐，它能在不同力度和不同时间的关系中奏出各种不同的节奏。

（2）旋律。旋律就是将音的高低、音的长短和音的强弱按照创作者的意图组织起来所出现的一系列音乐线条。旋律本身就包含节奏，如果脱离节奏，它只是单独的不同音高的个体，只有将这些单独的音高个体用时间关系和强弱关系串联起来时，才称其为旋律。

（3）和声。和声一般在配曲时才需要，它起着丰富和加强旋律效果的作用。作为一般的健身性健美操的音乐选配，可以暂且忽略它。

2. 健身性健美操音乐与动作的结构

音乐来源于生活，它如同说话与写文章一样。一首乐曲仿佛一篇文章，一个乐段好比文章的一段，乐句相当于文章中的句子，乐句中的乐节或小节则如同文章中的一个词组或一个单词。

（二）健身性健美操音乐的选配特点

1. 乐曲与成套动作的完整性

完整是人们欣赏美的一种心理需要。健身性健美操成套动作包括开始、主体与结束三部分，而乐曲也通常由前奏、主体和结尾三部分组成。为了两者的完整

性，我们切不可采用动作做完关掉录音机的做法，在一首乐曲的长短与一套动作的长短不一致的情况下，应该采用剪辑的方法来处理。例如：当要增加乐曲的长度时，可采用反复播放中间某一乐段或某一乐句的做法；缩短时则相反。在中间的乐段上做文章，可以保持乐曲开头和结尾的完整性，也是初学音乐剪辑者所采用的最简单的方法之一。

2．乐曲速度与练习者年龄、水平的相应性

乐曲的速度在一定程度上直接控制着一套操的运动量，适宜的乐曲速度是健美操科学锻炼的要求之一。许多资料表明，心率［＝（220－年龄 ×70%）次 / 分钟］是一般性身体锻炼的健身指标。配乐做操后，如果感觉良好，其心率也在预期的健身指标内，可认为乐曲速度适宜；否则，便要以慢速度来降低心率，或者以快速度来提高心率。当然，调节运动量的方法很多，这里只是从乐曲速度的角度来谈的。健身性健美操的音乐速度一般在 2.6 拍 / 秒以下。

3．乐段转换与队形变化或动作组合变换的一致性

乐曲在乐段与乐段之间有明显的旋律转折，它与文章的段落一样，有其相对的独立性和起、承、转、合的规律性。健美操成套动作中的组合变化与队形变化如能与音乐乐段的转折相一致，将大大增强操的层次感，帮助观赏者理解操的创意，使音乐的听觉艺术与操的视觉艺术融为一体，达到水乳交融的和谐。

4．乐句、乐节与组合动作的对称性

音乐可以替代口令起指挥作用，但不应该只单纯地起节拍器的作用。一般来说，一个组合动作的长短应遵循乐句、乐节的规律，以乐句、乐节的长短为组合动作的长短。例如，某一乐节为 8 拍、乐句为 16 拍，那么这个组合动作也应该编 8 拍，加上对称的 8 拍动作刚好 16 拍。

在音乐选配的实际运用中，我们有时会碰到不是规律性的 8 拍乐节和 16 拍乐句，当偶然出现了某一乐节为 10 拍或其他拍数时，我们的组合动作也应该编 10 拍或相应的拍数。如果不顾及这些因素，动作和音乐就会脱离，从而影响其视听效果。

5．乐拍强弱与动作力度的协调性

健美操一般选用节奏明快、力度感强的单拍子或 2/4 拍子的乐曲。当确定选用 2/4 拍子的乐曲时，就应该按照其强弱交替变化的特点，把发力动作做在强拍上，如踢腿的发力、大跳的发力、亮相的一刹那等，以增强动作的力度感和观赏的快感；而一些落下、收回和转换等动作，应设计在弱拍上。

6．音乐风格与动作风格的统一性

音乐风格因地域和民族的不同而不同，音乐情绪也时而刚劲挺拔，时而滑稽、诙谐。

健美操的动作应力求与音乐的风格和情绪统一起来，在选择由两首以上的乐曲合成一首乐曲时，要注意风格上的相近性，尽可能采用同一地域和民族的乐曲，避免五花八门、不伦不类。只有这样，音乐才能有力地支撑动作、有效地烘托主题。

（三）健身性健美操音乐选配的步骤与方法

1．反复聆听

为健美操选择的音乐应该节奏鲜明、明快活泼、力度感强、容易激发练习者做操情绪，如爵士乐、迪斯科、摇滚乐和部分轻音乐等。可以多听几首乐曲，随时记录下能吸引自己、感动自己的乐曲，哪怕只有一部分。有时一首乐曲只有中间的一段打击乐能吸引你，也要把它记下来，说不定这一段正好可以用于两首曲子的衔接部分。反复聆听后，把最能震撼你的乐曲单独留下，放到最大音量再听一遍，以帮助你确认和肯定，同时说服自己："就是它了！"

2．详细记录

（1）记音乐速度。健身性健美操的音乐速度一般为 2.4 拍 / 秒，当用于比赛时可适当加快，但不宜超过 2.6 拍 / 秒。现在一般是借助电脑将音乐速度加快，这种加快可做到随心所欲。值得注意的是，音乐速度加快也应在适当的范围内，否则会有失真感，如男声变成女声。

（2）记节拍乐段。记录音乐的方法有很多，但根据健美操的特点，只要能记下拍节、段落和主旋律的位置就可以了。

3．设计剪辑

（1）设计乐曲开头的独创性。健美操乐曲的开头可由提示音或 2 个 8 拍以内的前奏音乐开始，要力求新颖、独特。为了能与后面的快节奏形成对比，产生较强的视觉冲击力和听觉冲击力，开头可以选择一段抒情的慢板音乐，但这段音乐不能太长，一般在 2 个 8 拍左右。

（2）选择乐曲终止时的稳定性。音乐的进展是靠音乐中的稳定与不稳定因素来发展的，所以要搞清楚所选曲目的主音位置。一般来说，第一个出现的音通常也是结尾的最后一个音，或者五度音。健美操动作的结尾一般采用出其不意的造型动作，这种动作往往由身体的不稳定状态到稳定结束进而产生美感，其最后的音往往也是最亮和最响的音。因此，建议这一拍要停在一个乐句或一个乐节的第一拍。

（3）注意过渡衔接的流畅性。在剪辑音乐时，有时前一段音乐与后一段音乐在速度和调式上不统一，如果勉强地把它们凑在一起，会显得生硬突然。要保持过渡与衔接的流畅性，通常的办法是加上一段打击乐或一段长时间的效果音，分离和削弱前后两者的不和谐感，达到配曲的通畅和顺达。

（4）保证音乐高潮的审美性。音乐的高潮发展一般也是主旋律再现的环节，剪辑时要避免高潮部分被剪掉，保证主旋律的再现和发展。

（5）尊重原创曲目的完整性。初学音乐剪辑的人最好是在同一首乐曲上想办法，不管是开头、结尾、加长、剪短，抑或中间的衔接等，这样能较好地保持原创曲目的完整性，给观赏者留下一个完整的印象。如果为了标新立异，这里一句开头，那里一句结尾，中间又加上另一首曲目的旋律，就不容易形成一个完整形象，反而给人一种杂乱无章的感受。

（6）认真剪辑。剪辑工作是一项耐心细致的工作，来不得半点马虎，容不得任何焦躁，剪辑前必须头脑清晰，认真、细致地写出需要操作的每一个具体步骤，并在操作中详细记录，一项一项落实。

（7）修改完善。乐曲剪辑完成后，须做出两种乐曲速度的音乐供运动员选用，慢一点的用于练习，快一点的用于比赛，然后请运动员提出自己的感受和修改意见，在成套动作与音乐的反复配合中完成修改。

第四章　健美操运动的创编

第一节　健美操运动创编的目的与意义

一、健美操运动创编的目的

（一）提高并改善人体在生理上的健康水平

（1）增强各循环系统的功能。大量的研究表明，长期从事有氧运动可以使心肺功能得到改善、呼吸肌增强、肺活量增大、心肌纤维增粗等。

（2）改变身体成分。有氧锻炼可增加淋巴液的分泌，从而加强人的免疫功能、提高人体抵抗疾病的能力等。

（3）使骨骼与肌肉得到发展。健美操通过人体各关节和肌肉练习，促使骨骼肌与神经系统得到发展。

（4）提高人的协调能力。通过健美操的简单和复杂的身体练习，可以增强人的协调性和提高人的反应能力等。

（二）改善精神状态

科学、适当的健美操锻炼可以使人的肌体疲劳得以缓解，优美动听的音乐可以愉悦人的身心，帮助人释放心中的压抑与烦恼，从而使人的心理压力得以缓解。健美操集体锻炼的形式还为人际交往创造了条件。

（三）娱乐与表演

健美操综合了音乐、舞蹈、体操等项目的特点，因此具有较强的艺术性和表现力。人们在进行这项运动时会感到身心愉悦，优美的动作加上音乐的支持也会给旁观者带来美的感受。

把健美操的精华与艺术手段有机地结合，可以创编出艺术效果极佳的表演作品，把我们平时用的锻炼套路加以提炼也可以成为很好的表演项目。健美操表演不但给人们带来赏心悦目的效果，还对这项运动本身起着提高、带动的作用。

（四）竞赛

根据健美操的不同特性、动作的难易、运动强度的高低，可以区分出不同的层次，也可以作为评价运动能力、健康水平等方面的标准。我国现已公布了区别运动员等级的《健美操等级运动员规定动作》和区别健康水平的《全国大众健美操锻炼标准》，这些等级中大部分为规定动作，也可以通过其他套路的创编达到或接近这些标准。自 1983 年美国首创有氧健美操比赛至今，健美操已逐渐成为竞技性的体育运动项目。竞赛是通过对各个运动员的健美操套路的艺术性、强度、难易程度、完成情况的评价而进行的。

二、健美操运动创编的意义

（一）健身健美操创编满足了科学健身的需要

1. 健身健美操创编为练习者提供了安全的健身方式

健身健美操属于有氧运动，最新的研究表明，有氧运动是最有利于健康的一种科学健身运动。有氧运动就是在氧供应充足的情况下的运动，使人的心率保持在最大心率的 60% ～ 85%，使人的心血管系统在健身健美操锻炼时承受适宜的负荷，机能得到改善和提高，从而避免剧烈运动引起的氧供应不足、心率过快导致的心血管系统负担过重、机能得不到提高甚至衰退。

创编健身健美操时选择动作都是对锻炼者身体进行全方位的考虑，即安全的动作，如在健身健美操创编时一般不选择头颈用力旋绕的动作、躯干在负荷的情况下的转、用力伸屈等动作，这样就避免了关节过度屈伸等动作可能产生的潜在危险。因此，创编健身健美操给练习者提供了一种安全的健身方式，是科学健身的基本要求。

2. 健身健美操创编为练习者提供了实效的健身方式

近年来，健身健美操越来越受到人们的青睐，极其重要的一点是，通过健身健美操练习可以明显增加吸氧量，改善心肺功能，增强心肌，增加肺活量，减少心肺呼吸系统疾病。同时，骨骼肌肉的机能也会得到明显的改善，骨密质增厚，骨小梁排列紧密，肌肉力量增大，血液循环量增加。因此，健身健美操提高了人体各方面的生理机能、心理机能，增进了健康，起了延年益寿的作用。

（二）健身健美操创编能够提高学生的审美能力

1. 健身健美操创编使创编者充分考虑审美构成法则

健身健美操本身具有一定的审美特征，但要构成整体的形式美，还有赖于按一定的法则进行组合。健身健美操审美构成法则包括整齐一致、均衡对称、对比调和、节奏韵律、多样统一等。整齐一致又称单纯齐一，它是同一形式的一致重复，是最简单的形式美；均衡是指布局上的等量不等形；对称是指以轴线为中心的相等或相适应；调和是在差异中求一致，即着重统一；节奏是指运动过程中力度变化的时序连续，在节奏基础上赋予一定情调便形成韵律；多样统一也叫和谐，是在变化中求统一，在参差中求整齐。健身健美操的创编根据这些审美构成法则来进行，使创编者的审美能力得到不断的提高。

2. 健身健美操创编使创编者充分考虑审美构成因素

健身健美操是以人体为审美对象，在音乐伴奏下运用各种不同类型的操化动作，融体操、舞蹈、音乐为一体的大众健身方式。它以人体自身为审美对象，因此比较侧重于人体的自然属性。线条和形体是构成人体美的基础，是健身健美操的主要审美构成因素。

健身健美操的形体美是由运动员自身形态的静态美和动态美两方面组成。静态美主要包括三个方面：一是匀称、适度的人体各部分比例；二是完美发达的肌肉；三是健康美观的肤色。动态美则是通过创编健身健美操，将健美操动作串联起来，使静态美在运动中淋漓尽致地表现出来。另外，音乐的美也是健身健美操的审美构成因素，根据不同风格的音乐，选编与之相宜的动作或根据不同类型的动作，配以与之匹配的音乐，都能培养我们的审美能力。因此，在健身健美操的创编过程中，应充分考虑以上审美构成因素以提高审美能力。

（三）健身健美操创编是增强练习者积极性的有效手段

1. 健身健美操创编能够使练习者主动参与健身

（1）健身健美操创编是树立练习者的健身意识、激发练习者的健身动机的有效手段。生命在于运动，健身运动已经成为现代人生活中不可缺少的一部分。健身健美操动作丰富多样，节奏富于变化，是一项不断创新、不断向前发展的运动。在健身健美操的练习中，仅仅学会几套操是远远不够的，加强创编能力的培养，使自己具备自编、自练的能力，在创编中注意发挥健身健美操的健身功能，在练习中体会健身健美操的各项健身功能，有利于参与者更加深刻地认识健身健美操的各种健身功能，从而树立参与者的健身意识，激发参与者的健身动机。

（2）健身健美操创编是保持参与者健身持续性的有效手段。健身健美操的练习贵在坚持。终身体育的思想应该是我们的体育意识中相当重要的一部分。在健身健美操的练习过程中，根据时间、地点、对象的变化，不断创编新的健身健美操，使练习者在丰富多变的练习中，充分感受健身健美操的丰富多彩与无穷魅力，是练习者保持健身的持续性、培养终身体育意识的有效手段。

2. 健身健美操创编提高了练习者的学习兴趣

（1）健身健美操创编的挑战性。创编健身健美操是一个很具挑战性的工作，在创编健身健美操的过程中，创编的各个元素总能激发创编者的创造性。这就使创编者对健身健美操创编充满兴趣，并不断钻研，勇于向健身健美操创编发起挑战。如今的健身健美操正在向多元化方向发展，其内容更加丰富多彩，人们不再满足于一套或几套健身健美操的学习，他们不断将新事物融入健身健美操的创编之中，创造出新颖独特的动作、动作连接与成套动作，不落俗套，创编出自己的风格。在创编健身健美操过程中，健身爱好者找到了更多的乐趣，从而大大提高了他们学习健身健美操的兴趣。

（2）健身健美操创编的全面性。创编各种形式的健身健美操能吸引更多的人对健身健美操产生兴趣。兴趣对人认识活动有着非常重要的作用，学习兴趣一旦激发，学习的积极性、自觉性就会提高。健身健美操是在音乐的伴奏下融体育、舞蹈、音乐为一体的健身方式。健身健美操的创编者可以根据不同的对象、场地、设施选择不同风格的动作和音乐，创编不同风格、不同强度，适合不同对象、场地、设施的健身健美操，以此来吸引大量的练习者根据自身身体条件、兴趣爱好选择适合自己的健身健美操，从而大大提高了练习者的学习兴趣。

（四）健身健美操创编是竞技性健美操训练的基础

1. 健身健美操创编是竞技性健美操基础动作的来源

竞技性健美操起源于健身健美操。健身健美操相对于竞技性健美操来说，动作变化少、节奏慢、幅度小、速度慢、动作轨迹短、对称性动作多，难度小；竞技性健美操动作变化多、节奏快、幅度大、动作轨迹长、动作要求不对称、难度大。然而，如此丰富多变、具有难度的竞技健美操的基础动作均来源于健身健美操的基础动作。它是在健身健美操动作的基础上通过加快节奏、增大幅度、加快速度或者增长动作轨迹等来增大动作的难度。健身健美操的创编给竞技健美操的创编提供了丰富的素材。因此，健身健美操是竞技健美操基础动作的来源，是竞技健美操训练的基础。

2. 健身健美操创编有利于健美操意识的培养

竞技性健美操训练中，健美操意识的培养是非常重要的一个方面。健美操意识使竞技健美操运动员从思想、感觉上去体会健美操的内涵，在潜意识中形成、树立健美操的概念、内涵，使竞技健美操运动员更加准确地认识健美操，更加热爱健美操，更加正确地对待健美操基本动作。创编各种形式、类型的健身健美操，使竞技健美操运动员体会各种不同风格、种类的健身健美操，从不同的方方面面去认识健美操，从而积累了大量的健美操基本动作素材，增强了健美操感觉的培养，进而逐渐树立了健美操意识。

（五）健身健美操创编是比赛和表演的基本要求

1. 健身健美操创编是比赛和表演的基础

在观看精彩的健身健美操比赛或表演时，我们很少注意精彩背后的艰辛。创编是健身健美操比赛或表演的基础。不论是个人项目还是集体项目，都必须以成套动作的形式出现。这就要求创编者在比赛和表演前，根据参赛对象、场地、设施等具体情况，按照规则的要求，遵循创编规律，创编适用于比赛或表演的健身健美操。

2. 健身健美操创编使比赛和表演的自由度增加

为了使健身健美操表演和比赛更加精彩，使健身健美操具有独特的风格，吸引裁判和观众的注意力，创编健身健美操更要新颖独特、别具风格。健身健美操创编增大了比赛和表演的自由度。在条件、规则允许下，创编者可以自由地利用动作素材，选择独特的音乐和队形变化来表达自己想要表达的内容与精神。创编出一套具有自己风格的健身健美操，使表演与比赛更加精彩。

（六）健身健美操创编是展示创编者综合能力的平台

健身健美操成套动作的创编要达到很高的质量，就要在形态、动作、造型、线条、色彩、队形、音乐等各个方面达到相对完美的融合。创编既是脑力劳动，也是体力劳动，是一种艺术的创造。创编能力不仅仅是对学生专业水平的反映，也是对其文化、智力、音乐、舞蹈、美术、雕塑等其他领域的修养与水平的反映。只有具备了这些领域的知识和修养，才能成为一名优秀的创编者，才能创编出优秀的、令人满意的健身健美操。因此，健身健美操的创编是检验学生成果的过程，能够展示学生的综合能力。

第二节　健美操运动创编的原则

一、目的性原则

目的性原则是指在健美操创编过程中，以最终所要达到的目的或获取的结果为核心根据，在创编过程中着重采用因目的任务不同而导致成套编排的结构、动作难度、动作特点、音乐速度等诸多创编因素的不同的创编意识，进行有明确性、有实效性的创编。在健美操创编过程中，遵循目的性原则，主要是为了能更有效地达到创编的目的，使创编过程更有目标性、组织性、实效性。

（一）以教学为目的的健身健美操创编

以教学为目的的健身健美操创编是指健身性健美操在各级学校中，以培养学生良好的思想品德、健康体质，掌握健身方法、树立正确的审美观，使学生全面发展，并为终身体育打下基础为目的的创编。具体实施有以下几点。

1. 以遵守教学大纲要求为前提进行创编

教学大纲是教学的依据与纲领，健美操教学应该严格按照大纲的要求进行教学，以达到教学的任务与目的。因此，以教学为目的的健身健美操创编必须按照大纲的要求与标准进行。以大纲中的规定教材为核心动作进行创编，避免超过课程标准以外动作的出现进行影响教学任务的顺利完成。

2. 以增强学生体质和提高学生的身体素质为目的进行创编

健美操教学属于体育教学这一大家庭，因此必须体现健身功能这一特点，从而促进学生更好地学习与生活。创编时，应该首先考虑编排动作的锻炼价值，其次应该考虑成套的运动负荷、动作的顺序与动作的连接是否合适，始终以增强学生体质、培养学生的正确姿态为目的进行编排。

3. 以激发学生的学习兴趣，有效提高教学质量与教学效果为目的进行创编

编排学生喜爱的动作，选择富有激情和流行的音乐，动作轻松活泼、积极向上，创编出更吸引学生的成套动作以增强学生的学习积极性，进而提高教学效果。

（二）以健身为目的的健身健美操创编

以健身为目的的健身健美操创编是指在进行健身性健美操的创编过程中，围绕以提高身体循环功能、促进骨骼与肌肉的发展、全面提高身体素质和心理健康发展为目的进行的创编活动。具体实施如下。

1. 全面围绕提高健康水平、发展人体运动素质、改善人体形态来进行组织与编排

这主要是要求创编者在编排中避免容易造成伤害的方法与手段。应当注意各种动作顺序以及动作之间的连接过渡，避免一些反关节的运动或关节受压过度违反人体生理活动规律。一般而言，活动部位应该从远离心脏的肢体末端开始，逐渐过渡到躯干直至全身性，使身体逐渐参与和适应运动的变化。

2. 强调对运动负荷与运动量的监控

创编成套动作的运动负荷与运动量一定要符合练习者的身体状况和运动能

力。过大或过小的运动量和运动负荷都会产生负面影响。除此之外，安排运动量应该由小到大逐渐增强，再由强到弱，符合人体运动负荷曲线，使人体心率曲线呈波浪式上升或下降。

3. 成套的创编要保证人体各部分都得到充分的锻炼

通过改变运动方位、位置、节奏、路线，来促进肌力的增大和增强各个关节的灵活性。在创编的过程中力求充分动员机体，避免局部运动量过大或参与不够，这就要求在动作设计上既要有上肢、下肢、头部躯干的动作，也要重视小关节的运动，讲究对称和均衡。

（三）以娱乐和表演为目的的健身健美操创编

以表演和娱乐为目的的创编是从艺术性、观赏性出发，通过选择和编排优美、新颖、高度艺术性的动作组合，形成高雅、清新的文化氛围，在给人以丰富的视觉效果的同时使人的身心也能得到愉悦。具体实施如下。

（1）创编的动作应该多鉴赏各种舞蹈的表现艺术，使人们在活动中表达一定的心绪和感情，以提高健美操的艺术魅力，增强娱乐性、表演性。可以通过鉴赏体育舞蹈、艺术体操、武术、芭蕾等多种艺术表现形式，将健美操的特色动作与高度的艺术性进行有机结合，反复再创造，充分体现健身性健美操的特殊艺术魅力，提高观赏价值。

（2）注重创编技巧，选择最美、最新颖的组合形式和动作内容，提高成套动作的表现力，以满足观众的审美需要。创编者可以将编排好的单个动作一一罗列出来，选择适宜的动作连接，再进行最优化的组合，以体现成套动作的连贯性、流畅性，表现成套动作的完整性、艺术性。

（3）单人表演性的创编要注重体现个性特征，因为表演者之间有着各种差异，除了个性差异外，还有运动能力、身体素质、技术水平、外形及表现力等方面的差异。在创编过程中应该充分掌握表演者的基本特征，充分挖掘个性特点，扬长避短。团体性的表演则须重队形的变化。队形编排应该考虑比赛场地、设施条件、性别差异。队形变化过程中要注意自然流畅、位置移动合理等。

（四）以比赛为目的的健身健美操创编

比赛性健美操以争取优胜或赢得优异的成绩为直接目的。要想在比赛中获得优异的成绩，编排应该从竞技的角度考虑，创编中各种因素都要突出、都要有所升华，因此在动作素材的选择上应该独特新颖，具有创新意识和时代气息。与此同时，应该明确有关编排的具体要求，了解比赛的规模和其他赛队的水平与实力，为编排提供较全面的参考依据。具体实施如下。

1. 遵守特定的规则要求

规则是比赛的法律，是每个参赛者必须遵守的。任何违反规则的创编都会严重影响比赛的成绩，因此研究规则不仅是指导员与参赛者的天职，也是创编者所应做到的。我国现已公布了区别运动等级的《健美操等级运动员规定动作》和区别健康水平的《健美操大众锻炼标准》中的成套动作，这些等级中大部分为规定动作，但可以通过其他套路的创编达到或接近这些标准。

2. 创编的成套动作要体现多样性、新颖性、流畅性，以增强艺术性、吸引裁判与观众、赢得满意的成绩

在创编比赛性健身健美操中，应该考虑动作的合理性与艺术性，创编的成套动作要有风格、有特色。要考虑整体设计的艺术性、单个动作的艺术性、动作与音乐的风格一致的艺术性，精心设计和选编，以赢得裁判的好评。

3. 因人而异的创编

根据参赛队员的实际运动水平与个性特征选择动作，体现其独特的魅力。编排成功与否是与参赛者密切相关的。在编排中应充分考虑对象的自身综合因素，根据对象的协调性、柔韧性、表现力等能力，确定成套动作的难度强度和动作风格类型。避免不顾对象的实际情况，过高或过低地评估对象的实际能力，影响参赛队员实际水平的发挥。

二、全面性原则

全面性原则是健美操创编的基本原则，全面性主要是体现在身体活动部位要全面。一个人身体健康的好坏，不仅取决于某一肌肉的强壮或某一内脏器官的功能完善，而是取决于人身体最弱器官的功能。所以，身体健康就要使人体的关节、肌肉、韧带、内脏器官机能等得到全面的发展与提高。一般而言，在编排成套动作时，要尽可能地考虑到使人体部位全面地参与运动，尽可能地使运动部位的动作类型全面；要考虑向不同的方向完成各种不同形式的动作，充分活动身体各部位的关节、肌肉、韧带，改善神经系统的灵活性与协调性，促进身体全面健康的发展，达到健美的目的。

成套健美操的动作包括头颈动作、上肢动作、躯干动作和下肢动作。每个部位的动作类型要尽可能全面，头颈动作有屈、伸、转动、绕环；上肢动作有屈、伸、举、摆、振、绕环；躯干动作有屈、伸、转、绕、绕环；下肢动作有屈、伸、举、摆、跳、跑等。

动作类型的创编要遵循人体解剖学特点，保证安全、无损伤，例如，头在各

个方向的转、绕等动作，上肢在各个方向上的举、屈、伸、摆、绕、绕环等动作，下肢在各个方向上的举、摆、踢、转、屈、伸、跳、绕等动作，躯干的屈、伸、转、绕、绕环等动作。同时，还要注意选编一些能增强心血管系统功能的走步和跳跃动作，使内脏器官和各系统得到充分锻炼。

（一）动作选择要全面

动作类型如走、跑、跳、转体、踢腿、造型等，只要是不违背生理结构的身体动作都可以纳入。

1. 根据人体解剖学特征，选择各个部位的基本动作

头颈动作：前后屈、左右侧屈、左右转动、绕及绕环等。

上肢动作：肩、肘、腕、指各部位的屈、伸、举、振、摆动、绕环等。

躯干动作：腰、胸各部位的前后屈、左右侧屈、左右转动、绕及绕环等。

下肢动作：髋、膝、踝各关节部位的屈、伸、绕等。

2. 通过改变基本动作的方向、幅度、频率、速度、节奏、力量，达到全面锻炼的目的

健美操的动作是在一定的时间、空间中进行的，它的时间表象和空间表象的变化丰富与否，直接影响健美操对人体锻炼的效果。因此，在创编健美操时应当考虑动作的方向有上下、左右、前后、斜向等变化，动作路线有长短、曲直的搭配，动作的幅度、速度、力度方面有大小、快慢、强弱的对比。动作的时空变化丰富也有助于改善神经系统功能、提高协调灵敏素质、进一步促进身体全面发展等。

3. 为了全面发展身体，使各部分得到充分的锻炼

创编动作时在设计上要讲究对称，也就是要求动作的部位、方向、重复次数、运动时间等实现对等。

除此之外，重视大关节运动的同时，不忽视小关节的运动，力争考虑全面，这样才能充分保证身体健康、均衡发展。

（二）合理性编排

（1）成套动作设计要求身体各部位练习比例要均匀，避免因局部运动负荷过度而引起的疲劳。

（2）成套的设计不仅要重视发展肌肉力量，还要发展柔韧性、协调性、速度、耐力等各种身体素质，从而全面促进身体各项素质的发展，全面锻炼身体。

（三）针对性练习

1. 按照系统全面的设计程序进行创编，是达到全面健身的基础

完整设计程序一般是指从总体设计、形成框架、分布编排、音乐的选择到套

路修订，在整个设计的过程中要考虑各个动作对身体的影响，从而有效地提高练习者的身体机能。

2．针对不同的练习目的要有不同的创编设计

创编时不仅以全面发展身体为基础，而且要针对练习者的不同目的有所侧重，对症下药，这样既能有效地发挥健身作用，又能满足练习者的不同需要。

三、针对性原则

进行健身健美操创编时还要遵循针对性原则。针对性原则就是要根据不同对象的特点、不同的目的任务及不同的运动水平等情况，有区别地进行设计、编排，使创编能够做到有的放矢、有所侧重。健身健美操的目的、任务和练习对象都不同，因此应该针对不同的锻炼目的和任务、不同的练习对象进行健身健美操的创编，以便使健美操锻炼最终达到增强体魄、培养正确体态、塑造美的形体、陶冶美好情操的目的，进而满足不同练习者的需求。除此之外，时间、场地、器材等实际条件也是针对性原则应该考虑的因素。

要贯彻实施针对性原则，创编健身健美操时就要做到因人而异、因地制宜、因目的而异。

因人而异是指创编时要考虑到人在年龄、性别、身体状况、运动水平、文化层次及心理特点等方面的差别。对于高校学生来说，一般是青少年，其生理特点是体力充沛、精力旺盛、动作敏捷，身体各方面的发展已经成熟，具有相对的稳定性；求知欲望和学习欲望强烈，正值青春年华；心理特点是在追求健康的基础上，更加渴望对形体美的追求，不怕输、能吃苦，敢于尝试和挑战难度大的动作。因此，高校健美操的创编在体现青年人特点的同时，应体现一定的健美内涵。具体的创编要点为动作要大方、富有艺术性、体现时代性、富有青春与活力。动作要幅度大、力度强、速度快、富有动感，音乐要节奏强劲、变化丰富，以突出青年人的豪放与激情。另外，高校健身健美操创编还要体现男女生之间的差异性。对于高校女学生来说，肌肉力量较弱，下肢短，皮下脂肪较厚，协调性、柔韧性较好；而在心理方面主要表现在增强体质、体现女性形体美。因此，在创编的过程中，首先，应适当增加肌肉力量的练习和跳跃动作的练习。其次，应多设计一些影响胸、腰、腹、臀的动作，从而突出女性身体的曲线美。最后，动作应该以表现女性舒展优美、柔中有刚、刚柔相济、舞蹈性强为目的进行创编。对于高校男生来说，肌肉发达、力量较强、体力充沛，但协调性、柔韧性较弱；其心理特征表现在，增加肌肉的围度和力量、体现男子的强壮粗犷，所以在

创编男性健美操时要选择和设计能体现男子的阳刚之气、豪放之情，能展示男子强壮体魄、刚劲有力、健美性强的动作和造型，尤其强调动作力度等为目的进行创编。

参与健身健美操的练习者众多，他们的运动水平不一，进行创编时还要注意练习者的基础。针对初学者，创编的动作应该以基础性动作为主，简单易学，避免过多的动作变化与转体类动作，运动强度中等偏下，以适应练习者运动水平，练习初期动作安排主要以增强体质、提高身体素质、提高心肺功能、肌肉的活动能力为核心进行；针对有一定基础的健美操学员，应着重于形体的改善、气质的培养等。因此，设计和编排要相应变化，抓住重点，动作的难度应相应增大，即动作的频率加大，速度加快，上下肢的配合要求更高。在编排时，可考虑一些练习队形及在队形上的一些变化，这样既能增强其娱乐效果，又能培养其团结协作的品质。同时，在编排动作时要拓宽素材内容，突出风格，突出审美要求，寓情于姿，把人的外部表现和内在神韵融为一体，表达美的意境。

因地制宜就是指健身健美操的创编要对场地、器材等方面的因素进行考虑。尽管健美操对场地的要求不大，但是某些动作对场地有一定的要求，比如，卧地的一些动作，要考虑场地是否允许；持轻器械健美操动作要求具备一定的器材设备和条件。健身健美操常用的器材有踏板、哑铃、花球、体操棒等。

因目的而异指的是健身健美操创编要根据不同的锻炼目的有所侧重，如形体塑身类的健美操创编要体现动作的规范性和充分性；医疗保健类的健美操创编要多设计一些以保健为主的动作，防治腰椎病就要多一些腰部的运动，并配合身体其他部位的练习；一般健身类的健美操创编要体现练习者的意愿。

四、合理性原则

合理性原则也是健身健美操创编中需要重点遵循的原则。合理性原则的提出是为了使运动中损伤发生的情况得以避免，使健美操运动得以顺利进行。

（一）合理性原则的内容

合理性原则包括动作的合理、动作顺序的合理和运动负荷的合理。

1. 动作的合理

健身健美操的动作创编切忌生搬硬套、一味模仿。动作创编要注重实效性。健身健美操的动作都应有益于健身，但影响的程度是不同的。因此，在创编每节操时要注意选择对完成某项锻炼有切实作用的动作，突出这节操的特点。如果每节操的动作都能使人体的某些部位得到充分的运动，那么整套操对人体的锻炼就会全面充分、切实有效。

2．动作顺序的合理

一套健身操动作顺序的设计，必须遵循人体活动能力的变化规律，使人体运动的生理曲线由低到高、波浪形地逐渐发展，再逐渐恢复。健身健美操的编排顺序可分为三部分，即准备部分、基本部分和结束部分，这也是一堂课的组成部分。

第一部分为准备部分。健美操准备部分的动作，要轻柔缓和，一般以踏步开始，然后慢慢调整节奏和呼吸，并逐渐过渡到基本部分。准备部分的任务是为成套操做好生理和心理上的准备，进而逐步克服人体内脏器官的生理惰性，激发做操热情。因此，可选择一些配合深呼吸的脊柱伸展运动，各种走步、小步跑等动作。

第二部分为基本部分。基本部分的动作一般从人体远端开始，比如由头颈或上肢动作开始，再进行肩、胸、腰、髋和下肢等多关节部位的全身运动和跳跃运动，身体运动遵从由局部到整体、由慢到快、由弱到强的顺序。基本部分的任务是全面锻炼人体各部位。以先活动远离心脏的身体各部位，再逐渐活动靠近心脏的躯干部位为原则，使动作部位由远到近，动作速度由慢到快，动作幅度由小到大，活动范围由局部到全身，并承受一定的生理负担量。

第三部分为结束部分。结束部分的动作主要为放松动作和调整动作，多为踏步或伸展性动作。动作的选择应该由快到慢，幅度较大，并配合深呼吸，使身体和脉搏尽快地恢复到正常状态。结束部分的任务是使身体尽快恢复到做操前的安静状态。动作内容相似于准备部分，可选编一些放松性、拉长性、深呼吸的动作，使动作由大到小、由快到慢，逐渐恢复到安静状态。

3．运动负荷的合理

编排健身健美操时，运动强度应当符合健身指标区，因为只有在相应的指标区内健身，才能既保证锻炼效果，又不会对人体造成危害。同时，要遵循人体运动的生理规律，运动负荷由小到大，运动心率由低到高，逐步上升，并逐渐恢复到平静状态。动作编排由易到难，速度由慢到快，强度由弱到强，逐步增加运动负荷，当达到和保持一定运动负荷后，再逐渐减小。

（二）合理性原则的实施

（1）成套动作的编排应遵循人体运动生理解剖学规律，合理设计动作的顺序。

（2）根据人体运动生理学规律，运动一般从身体的远端开始逐渐过渡到全身，使身体逐步适应运动变化，所以创编时应该合理安排和设计动作顺序。主要是要求创编者在编排中避免容易造成伤害的方法与手段，避免一些反关节或关节受压过大的运动，严格遵守人体生理活动规律进行创编，这样不仅可以使身体肌肉顺势用力，而且可以体现成套动作的自然美。

（3）根据人体运动解剖学规律沿人体脊椎纵向把人体分为对称的两个部分，因此在创编健美操的过程中应该充分地考虑人体左右均衡的发展。在设计动作时，特别是人体单侧动作，要注意安排另一侧的同等运动动作，只有这样才能保证两侧均衡的发展。

（4）控制运动负荷在创编的过程中是非常重要的。如果负荷强度安排不合理，则会严重影响练习效果，甚至造成运动损伤。所以，健身性健美操严格规定把运动负荷控制在中小强度，使之确保运动当中的呼吸供氧。

（5）根据锻炼的目的，选择合适的运动负荷。国内外一些专家把心率作为衡量运动负荷的一种方法，把同年龄组运动最高心率和实际运动心率进行比较，把运动强度划分为 3 个区：当运动者的平均心率达到其最高心率的 60% ～ 80% 时为健身区（此时心率越高对身体的影响越大，锻炼的效果越明显）；高于 80% 为强化训练区（此时运动强度大，且影响身体更剧烈）；低于 60% 为消遣区（此时只起一般性活动身体的作用）。

（6）在创编健美操时，应该注意运动负荷的设计在过程中呈波浪形上升与下降，总体运动负荷可出现 1 ～ 3 个高峰，注意在出现多次高峰时每次的强度应有所不同，可递加或递减。成套时间越长出现高峰的可能性越大，相反则越小。

五、艺术性原则

健美操既是一项锻炼身体的手段，又是一种形体艺术。因此，在单个动作设计上，要健美、大方，力求使体操动作艺术化、舞蹈动作体操化，并在吸收一些现代舞、民族舞动作的同时，结合操的特点进行再创造，使动作活而不乱，美而不花，注意多方向、多角度、多层次地展开动作。在成套动作的艺术处理上，要讲究抑、扬、顿、挫、起、承、转、合，还要注意动作的大小搭配、左右回旋、上下起伏、快慢交替。动作与动作的连接有时不要填得太满，要留有余地，给集体练习时的队形变化留有空间。

在健美操运动中，音乐是健美操的灵魂，它影响着健美操的风格、结构、速度和节奏。动作和节奏协调一致就能激发练习者的兴趣，使练习者感到愉快和美的享受，达到健身和陶冶情操的目的。因此，遵循健身性健美操创编的艺术性原则就要做到动作的高潮和低潮与音乐起伏一致，成套动作的时间要与音乐的时间一致，同时，音乐的风格、节奏要与动作的风格、节奏一致。动作的选取和创编可以借鉴体操、武术、迪斯科、爵士舞中的精华部分，也可以吸取芭蕾舞、体育舞蹈中的优美动作。要保证动作之间的衔接自然流畅、一气呵成。综上所述，健身性健美操是一项参与性较强的体育运动，老少皆宜。所以，在健身性健美操的创编过程中要依据不同练习对象的基本特征，对练习强度、感受能力、表现能力等方面的不同要求，有针对性地进行创编，做到有的放矢。在创编风格、技术难度、负荷大小等方面要因人而异，才会收到良好的健身效果。

六、创新性原则

创新性原则是指在健身健美操创编中，成套的设计必须能给人一种难忘的、与众不同的、新颖的感觉，它必须展现音乐、动作设计、独特的创造性。创新是健身健美操的生命，没有创新就没有健身性健美操的发展，健身性健美操要敢于创新，敢于突破旧的传统。此外，创新性原则主要是了解国内外健身健美操的发展现状和趋势，以便总结、继承和发展已有的创作成果。因此，在健美操创编时必须遵循创新性这一重要原则。在实施创新性原则时，以下几点是要注意的。

（一）创新动作的编排

编排的创新可以从动作方向的变化、动作节奏的变化、动作路线的变化、成套组合动作的变化，以及造型的变化、队形的变化中获得。创编健美操更具有灵活多变性，它可以移植吸收各种优美的健身动作，只要符合人体生理解剖规律就可以采用。所以，创编动作不仅要使各种动作相互交融、刚柔并济，而且要建立在全身整体机能得到锻炼的基础上，力求整套动作变化丰富，姿态优美，富有新鲜感，编织成为一幅美不胜收的健与美的画面。

（二）动作的创新

创新的动作要根据人体结构的运动规律设计独特新颖的动作，整体布局新颖，连接过渡要巧妙而流畅。健身性健美操创新动作的方法通常有以下几种：

（1）移植法，是指把一个项目的部分动作或全部引入健美操中来，并通过一定的改造而获得新动作的方法。

（2）逆向法，即把原有的单个动作或组合动作顺序颠倒，从中启发或获得新动作的方法。

（3）节奏变化法，是指把原有的动作通过节奏的改变获得新动作的方法。

（三）音乐的选择要有新意

音乐的选择可以借鉴各种类型、风格、国度的音乐特点。不论是民乐、西乐、打击乐，都可以大胆地选择，以促使动作刚劲、有力、明快，与动作协调配合，激起观众的热情，给人以深刻的印象。此外，在选择音乐时，保证动作特点和音乐风格匹配是非常重要的，不要一味为了创新、为了追求新意而忽视动作和音乐之间的协调一致。

（四）丰富的想象力

想象力是创造力的源泉，是对事物未知领域的设定与判断。想象力并非凭空而来，而是通过对周围事物的观察分析加工而来。所以，创编者首先要丰富自己，了解国内外健美操发展的新动态，深刻理解其精髓，以及借鉴体操、艺术体操、体育舞蹈、武术、瑜伽等多种健身素材，创编出既有健身价值又有艺术价值的健美操。健身健美操创编的创新性原则体现在动作的设计、动作的衔接及音乐的选择上。想象力是健美操动作创新的源泉。想象力来源于经验的积累，来源于生活的实践，是在国内外健美操发展动态和健美操精髓的深刻理解的基础上的创新。

第三节　健美操运动创编的基本方法

一、健身健美操创编的基本方法

（一）健身性健美操创编方法动作素材积累方法

动作素材的积累是创编的前提之一。没有大量的动作素材，是不可能凭空创编出丰富多样的健美操的。素材收集方法主要有以下几种：

（1）录像法，是指通过观看录像而获取相关项目感性材料的方法。这是最常用也是简便易行的途径。

（2）观察法，是指日常生活中，创编者通过细心的观察，捕捉生活中的动作信息的一种方法。可以把一些有趣的动作提炼、加工从而形成动作素材。

（3）实践法，是指创编者亲身体验各种项目以获取技能进行健身性健美操动作创编的一种方法。这是一种比较实用的方法，但要视条件而定。

（4）记录法，是指创编者将通过各种途径获取的健身性健美操创编素材，用图画或文字的形式记录下来，比较完整地记录下所有素材，比较深刻地认识素材的内涵，从而更加合理地创编出丰富多彩的健身性健美操。

（二）健身性健美操具体创编方法

1. 整体法

整体法是指对全套健身性健美操动作的整体构思，即对一套动作的初步的完整的设想。整体构思不是具体动作的创编，而是一种形象的思维活动，这种总体的框架的设想，为一套动作确定了风格、时间长短、强度大小、音乐的选择、动作的基本内容等，这些也正是整体构思所应包括的内容，同时确立了全套动作的基调。

2. 分解法

分解法是指在创编健身性健美操的动作时，可以将成套操分为准备、基本、结束三个部分。准备部分基本以伸拉为主；基本部分要始终保持跳的弹性，此时是整个过程的高潮；结束部分要过渡自然，不能立即停下来，并使机体得到充分的放松，通过降低运动负荷恢复到锻炼前的状态。在整个过程中，动作节奏要由慢到快，运动量由小到大。

3. 线性法

线性法是指逐渐增加新的动作元素的一种方法，是最常用的一种方法。可以是一个个具体动作元素的增加，也可以是一小节动作的积累。也就是说在一组动作的基础上，再创编下一组，依此类推，直到成套动作的完成。

4. 叠加法

叠加法指将两个或两个以上独立的动作通过结合或重组，形成新的技术动作或成套组合动作。健身性健美操的动作组合既可以是同一类型动作变化为多个不同特色风格的动作，也可以是不同类型多个单独动作进行适当重组。需要注意的是，叠加法并不是简单的动作技术规程，更不是简单的凑合，而是要形成形式多样、技术独特、动作新颖、结构合理并与音乐风格相和谐的动作创新组合。

5. 移植法

移植法是将某一项目的技术动作移植到另一个项目中去，并通过一定的改造而获得新技术动作的方法。现在健身健美操的发展已经融入了许多像拉丁舞、爵士舞、街舞、武术等元素，创编者可以将两个表面毫无关联的项目或动作产生联系，通过移植改造则可创编出新颖独特的动作。

二、竞技健美操创编的基本方法

（一）基本组合法

基本组合法是指按照竞技健美操动作编排原则和方法，将两个或两个以上独立的技术动作通过巧妙地结合或重组，形成新的技术动作或成套组合动作。竞技健美操的动作组合既可以是同一类型动作变化为多个不同特色风格的动作，也可以是不同类型多个单独动作进行适当重组，最后完成成套动作的编排。

（二）录像分析法

参看要参加级别或高一层次级别的比赛录像，从竞赛套路中吸取其精华，从而为自己成套动作的编排起一定的启发作用。一般在观看录像比赛套路时，要对以下几个方面的内容加以注意。

1. 成套结构

所谓参看成套结构是指在参看比赛套路时主要参看成套动作与音乐结构的关系，即音乐段落与动作段落、音乐情绪与成套情绪以及音乐高潮与动作高潮是否能有机结合。

2. 难度分配

所谓参看难度分配是指在参看比赛套路时主要参看成套动作中难度动作的分配规律。首先，是难度分值的分配；其次，是难度动作组别动作的选择；最后，要观看难度动作在成套动作中的位置。

3. 基本操化动作的连接

所谓参看基本操化动作的连接是指在参看比赛套路时，主要参看成套动作中基本操化动作的连接编排，参看一个动作的结束是否是另一个动作的开始，参看他们是如何编排的。

4. 过渡与连接动作的编排

所谓过渡与连接动作的编排是在参看比赛套路时主要参看过渡与连接动作的选择，新颖的过渡与连接动作会给人留下深刻的印象，同时烘托成套动作的主题表现。参看过渡与连接动作的编排将会给人以提示和启发，使之运用于自己成套动作的创编。

5. 托举与配合的创意

所谓参看托举与配合的创意是在参看比赛套路时主要参看成套动作中过渡与连接的特点，参看他如何更好地体现音乐的主题。成套动作中托举与配合动作是最能体现成套构思、音乐主题的关键，因此托举与配合动作的创意参看对成套动作的创编有非常重要的启发作用。

（三）多向思维法

善于从多角度、多层面去思考问题，由于创造性思维需要产生不同寻常的思维结果，因此它要求人们从单向思维转向多向思维，在逆向、侧向、发散等思维辐射和转移中寻找出各种具有独创的新设想，对多向思维能力的培养，应注意对某一问题的思考要从全局出发，提出多种思路。当思维在某一处受阻时，应善于及时变换思维走向，当久思不得其解时，可引导注意力转向其他领域，寻求新的启示，当运用通常的方法解决不了问题时，可考虑交换事物的条件、目标等因素，从不同的途径去解决问题。

（四）联想创新法

善于从对一个事物的思维，联想到另一个事物或几个事物的思维。从本质上来说，创造性思维主要是发现原来以为没有联系的两个或几个事物之间的联系。因此，联想思维可为创造性思维起积极的引导和铺垫作用，知识和经验越丰富，联想的广度和深度越大，越容易产生意想不到的创新结果。如联想能与边缘学科的知识有机结合，将会产生更高价值的新思维。联想创新需要灵感，灵感思维是指突如其来的对事物的本质或规律的顿悟与理解，以及使问题得到解决的瞬间思维形式，捕捉灵感的能力是指具有将瞬间即逝的灵感思维紧紧抓住，并加工成创新设想的能力。它是通过紧张深入思考的探索之后产生的思维成果，具有突发性和瞬时性特征。对于灵感思维的出现，人们往往没有心理准备，很容易稍纵即逝。所以，要及时记录下灵感思维的内容，保持思维热线并适时向纵深扩大思维成果。灵感的产生与艰苦积极的思维活动，丰富的知识经验等因素有关。

（五）三维动画辅助法

用电脑三维动画技术，能够对教练员创编竞技健美操高质量难新动作、运动员加快完成目标动作的定型过程起一定的辅助作用，对创编动作在训练中和比赛中出现的问题进行及时的目标反馈、重构和完善，减少运动员在创编动作探索阶段中不必要的损伤。

运用电脑三维动画技术，能够将一个标准的竞技健美操运动员动态模型建立起来，用来虚拟创编动作，进行试探、分析、评价、反馈、修改和确定等工作，可以减少创编环节中负面的人为因素的影响，使创编效率和质量进一步提高。运用电脑三维动画技术辅助创编竞技健美操动作，能为今后竞技健美操的创编开拓一个新的思路。

第四节　健美操运动创编的基本要求

一、动作选择的多样性

健美操动作的多样性，是展示成套动作信息量的主要方式。多样性的技术要求是成套动作应该展示不同形式的健身健美操特色的上、下肢动作；成套动作中应该体现不同的节奏以及与之完美结合的动作，成套中的动作形式、动作连接、动作造型与配合都应该均衡以及体现动作利用场地的多样性。

（一）动作选择多样性的意义

健身健美操动作丰富，变化多样，无论是身体动作还是持器械动作都包括多种多样、不同类别的动作。在健身健美操创编过程中，将这些不同类别的动作用不同的方法组合起来，又会产生许许多多新的动作，再加上队形的变化，使健身健美操充满了不可抗拒的魅力。健身健美操的创编应充分根据人体解剖的生理特点，较大自由地选择各种各样的动作，既可以是对称性动作，也可以是不对称性动作；既有大幅度动作，又有中小幅度动作；既有原地动作，又有向前后左右移动的动作；既有肢体同时进行的动作，又有依次进行的动作；还可以适当编入一些变节奏动作。这些动作相互交叉组合，使人体各个部位都能得到全面的锻炼，也使成套动作充满新鲜感。

（二）实施动作选择多样性的具体要求

1. 广泛积累动作素材，集中体现健美操特色和内容

（1）我国大量健身健美操动作的选择和设计资料分析表明：体育舞蹈、艺术体操、爵士舞、芭蕾舞、武术、搏击等运动素材和舞蹈形式大量融入健美操，使健身健美操的动作日新月异，丰富多彩。所以，创编者应该广泛收集积累相关项目中有利于健身的动作素材，为成套的创编提供丰富的动作内容，经过创造加工成为具有健美操特色的动作。

（2）健身健美操融入了其他项目的动作，但这些动作应该改编成为符合健身健美操运动的特殊要求和特征形式，体现健美操特色内容的动作。健美操特色内容是指成套的动作必须体现传统健美操内容，即健美操的 7 种基本步伐动作和手臂动作的组合，是在音乐的伴奏下连续完成一组富有创造性、充满动感、力量和节奏的动作组合，动作达到一定的运动强度，以锻炼心血管循环系统的耐力机能，表现健美操项目

特色，对于任何直接引入其他健身项目动作和动作特征的编排是不加提倡的。

2. 灵活改变动作因素，巧妙连接动作顺序

（1）通过改变动作因素，获得丰富的单个动作和动作组合。健美操的动作体现了人体在三维空间的活动，动作是健身健美操创编的首要内容，健美操创编的过程中就是通过对动作速度、动作节奏、动作路线、动作方向、动作力度与幅度等因素的合理改变和巧妙的连接创编出面目全新、多种多样的动作组合。

（2）改变动作因素，获得多种感觉效果，对于成套具有积极影响。改变动作路线，应该选择能够很好地在不同空间予以完成的各种动作并加以组合，避免集中利用一个平面，以体现成套动作对空间利用的多样性；改变动作节奏，快慢结合，有助于体现成套动作变化参差起伏，更富有激情和艺术表现；改变动作的幅度，可以体现在动作的开始和结束之间的动作路线的长短，动作路线长，动作幅度相应就大，动作路线短，动作幅度相应减小

（3）动作多样性不仅体现在成套动作的形式内容的多样上，也表现在一定的动作连接、动作造型和配合动作上，尤其是大型集体性的健身健美操创编更应该重视。

二、动作与音乐配合的一致性

（一）动作与音乐配合的一致性的意义

音乐是声音的艺术，它作为完整的艺术形式有着自己独特、系统、完整的表达方式，健美操的动作在音乐的衬托下，更具生命力与艺术性，扩大了表现空间。健身健美操音乐的选配，要考虑到与整套操的创编意图相吻合，也就是说与动作的高潮与低潮相吻合，音乐的节奏与动作的节奏相吻合，音乐的感情色彩与动作的感情色彩相吻合，音乐的力度与动作的力度相吻合，等等。音乐要与动作保持高度一致性才能使音乐更好地衬托出健美操的魅力，起到美化动作的效应，使动作与音乐成为一个整体。

（二）实施动作与音乐一致性的具体要求

1. 实施动作与音乐的一致性

前提是建立在创编对象的个性特征上，不同的个性特征含有不同的表现力，创编动作、音乐风格应该根据创编对象现有的表现水平和自我的动作优势进行选择。

2. 创编过程中始终保持音乐与动作的风格的一致性

可以根据音乐风格设计动作，也可以根据动作特征选配音乐，但成套动作与音乐风格应该保持一致性，强化动作的力度、风格、意境及表现力，以体现成套

的完整性，加强艺术效果。

3. 创编的动作节奏与音乐节奏相统一

音乐节奏的快慢决定了动作的幅度和路线，快节奏的音乐应该选择动作路线比较短、运动幅度比较小的动作，以免音乐节拍已经结束，动作还未完成，影响创编的整体效果。

三、运动负荷的合理性

（一）运动负荷合理性的意义

为了在健身健美操练习中保持和不断提高循环、呼吸以及肌肉骨骼的机能水平，在健身健美操的创编中，我们应该注意健身健美操负荷的合理性。健身健美操要严格地把运动负荷控制在中小强度，使之确保运动当中的呼吸供氧。既要避免练习负荷过大，造成的伤害事故，又要避免练习负荷过小，达不到锻炼的效果。运动负荷的合理性是健身健美操创编的基本要求。

（二）实施运动负荷合理性的具体要求

1. 根据不同创编对象合理安排运动负荷

这是因为不同运动对象的有效运动负荷有所不同。《健美操若干编排原则应用研究——编排男青年健美操》一文指出，以心率为指标：幼儿健美操有效心率负荷强度为 125 ～ 135 次 / 分；少年为 140 ～ 150 次 / 分；中老年 120 ～ 140 次分；青年 145 ～ 150 次 / 分。以最大摄氧量为指标，应该达到自身最大摄氧量的 50% ～ 60%，合理的负荷强度能够有效锻炼身体，提高和改善心肺功能。

2. 根据不同创编对象合理控制成套操的时间

以最低有效锻炼的时间阈来衡量，幼儿 3 ～ 4 分钟、青少年为 5 分钟、中老年 3 分钟左右为有效时间安排。

3. 成套运动负荷的动态安排

应该呈现波浪向前进行，注意在出现多次高峰时每次的强度应有所不同，可递加或递减。成套时间越长出现高峰的可能性越大，相反则越小。

四、明确创编的目的性

在健身健美操的创编之前，我们应该首先明确创编该套健身健美操的目的，是针对比赛创编，还是针对表演创编；是针对老年人创编，还是针对儿童创编；是针对室内创编，还是针对室外创编，等等。总之，充分考虑创编涉及的各个因素，明确创编目的。明确创编的目的性是创编好健身健美操的基本要求。

第五节　健美操运动成套动作的创编

一、健身健美操成套动作的创编方法与步骤

健美操成套动作应按一定的程序进行创编，其创编方法与步骤归纳起来有以下几点：

1．确定目的和任务

明确创编什么样的操，具体的目的、任务和要求分别是什么。

2．明确对象，拟订编操方案

明确对象的性别、年龄、身体状况、技术水平、场地器材条件等，即解决为谁创编操的问题。创编方案应包括操的名称、具体的目的、任务、要求、特点、形式、全套操的时间、音乐节奏、动作的难易程度、节数、顺序、运动负荷的大小、对身体各部位的特殊要求等。

3．确定操的风格、设计动作

所谓风格就是说要有特色、有鲜明的个性特点。如迪斯科健美操，全套操以迪斯科的基本动作为基调编成的健美操。又如形体健美操是采用一些手臂和躯干及下肢基本动作组合而成的健美操，该操以体现动作柔美、挺拔、柔中带刚而又富有女性曲线美的特色为主。确定了整套操的风格后，注意所选择的每一节动作风格要统一，切忌一套动作中出现风格各异、不协调等问题。

4．确定选配音乐

音乐选配可选择代用音乐或创编音乐，不管是先选乐曲，还是后选乐曲，或是创编，都要求音乐的节奏、旋律和风格与动作协调统一。目前一般是先配音乐，然后按音乐节奏和要求去编排动作。

音乐选配一般有三种方法：第一种可先选乐曲，按照音乐的节奏、特点、风格以及音乐的段落来设计动作。第二种是先编好动作，再请专家谱写乐曲。作曲家可以根据成套动作的节奏、风格、高低起伏配制乐曲，从而达到较理想的效果。第三种是先编好动作，后选乐曲，根据已编好的成套动作选择相适应的乐曲相配。一般采用的办法是先编好动作，再找现成的乐曲配合，这样不可避免地会出现动作与音乐旋律不符的状况。因此，后选乐曲一般需要剪接，剪接时应尽量地保持乐曲的完整性，切忌不分段地任意切割。最后，对编好的成套动作也要进

行不断地修改，尽量使动作与乐曲和谐一致。

5. 确定成套动作的组织编排顺序和运动负荷

成套动作的组织编排顺序应由易到难。一般开始时安排一节热身动作或伸展运动，紧接着为头部、上肢、肩部、胸部、腰腹、背部、髋部、下肢、全身、跳跃等运动，最后是整理运动。要注意统一各节动作的基本姿势和连接方法。这是一般创编顺序的规律，但也不是一成不变的。成套动作的运动负荷安排要遵循由小到大逐步上升，再逐渐减小的规律。要测定全套操的运动量，绘制运动负荷曲线图，进行运动量分析，对不合理的运动负荷部分做必要的调整。

6. 编写成套动作

操创编好之后，要把每节操的图解和文字记写下来。记写的内容和顺序如下：

第一，写出每节动作的名称、节数及动作的重复次数。如第一节热身运动（2个8拍）。

第二，绘制动作简图。简图应包括动作的开始姿势、每拍动作的主要姿势、动作路线和结束姿势。

第三，编写动作说明。动作说明力求简明扼要，术语正确。先写明预备姿势，其次写明每拍动作的做法和结束姿势。编写动作时，一般是先下肢后上肢，先左边，后右边，并明确指出动作的方向、路线和做法等。

第四，记写做操时应注意的事项。

7. 实验和修改

实验要有实验方案，明确实验的目的、要求和做法。实验时可以选择具有代表性的对象进行实验，收集各方面的意见，进行修改。实验时可以设计一个调查表，把各种情况记录下来，进行统计分析。

8. 定稿和推广

推广之后，应注意收集做操效果，为下一次编操积累必要的资料。

二、竞技健美操成套动作的创编方法与步骤

1. 创编前期准备工作

创编前期准备工作做得越充分、越到位，创编效果越好。前期准备工作包括学习竞技健美操竞赛规则和裁判规则，明确任务要求；了解竞技健美操最前沿知识，观看最新的比赛视频和相关的文献，研究运动项目和运动员的特点；创编成套动作的目的是参加比赛，了解比赛时间、经费等条件；了解竞技健美操运动发展的形式，掌握最新动态，为创编出体现时代精神，富有创意、个性和艺术水准

的竞技健美操奠定基础。

2. 制定方案与编排

（1）确定主题。近年来健美操尤其是竞技健美操的创编提倡表现一定的主题，表达某种理念，营造特别的意境，从而赋予了健美操更丰富的艺术内涵，给人带来美的想象。根据项目和运动员的特点来确定竞技健美操主题。

（2）总体结构设计与选择音乐。竞技健美操的总体结构设计有两种方法。第一种是先做音乐，再创编操化动作、难度动作等。先根据竞技健美操的主题或风格选择音乐，然后根据音乐的结构、节拍数、高潮起伏等确定健美操的总体结构。第二种方法是先创编操化动作、难度动作等，后做音乐。编操者根据竞技健美操主题或风格把健美操分为若干部分和若干段，如开始部分，基本部分，结束部分，根据各个部分的要求设计各部分、各段落的主要要求，再确定各部分各段落大体的节拍数；最后根据健美操的主题或风格、结构、长度及速度等选择与剪接音乐。

（3）挑选难度。难度动作是区分竞技健美操与健身健美操的重要标志之一，国际竞技健美操规则将难度动作分为动力性力量、静力性力量、跳与跃、平衡与柔韧等 A、B、C、D 四个组别。

动力性力量包含的种类有：俯卧撑类、文森俯卧撑类、俯卧撑腾起类、提臀腾起类、分切类、成分腿高直角支撑类、旋腿类、托马斯类、直升飞机类和开普类等 10 种。

静力性力量动作包含的种类有：分腿支撑类、直角支撑类、锐角支撑类、文森支撑类、肘撑类、水平支撑类等 6 种。该类动作每个动作必须停 2 秒；支撑转体动作在开始或结束位置还是在转体过程中，整个支撑过程必须保持 2 秒；只允许手触地面、两脚或臀部不得接触地面。支撑时，手或拳头必须平整地撑于地面。

跳与跃动作包含的种类有：跳转类、自由倒地类、给纳类、燕式平衡成俯撑类、团身跳类、分腿跳类、科萨克跳类、屈体跳类、纵劈腿跳类、横劈腿跳类、交换腿跳类、剪踢类、剪式变身跳类等 13 种。这组难度动作要最大限度地展示爆发力和最大的幅度。可以单脚或双脚起跳，落地时必须保持完美的身体姿态，身体在空中清晰可辨。

平衡与柔韧动作包含的种类有：转体、平衡、高踢腿、纵劈腿、横劈腿、依柳辛、开普等 7 种。全部动作技术过程身体处于标准姿态，身体位置清晰可辨，两腿必须伸直，全部动作的转体必须完整，转体过程中脚后跟不允许接触地面。

开普时，由任意姿态或坐姿开始，一腿弯曲，一腿伸直，将伸直的腿踢至肩，同时抬起另一腿并以单臂支撑，展示劈腿姿态。躯干成一直线，并低于垂直面。

在难度动作的选择上不要一味追求高难度，可以追求稳定与高质量完成。如果选择了一个不能完美完成的高难度动作，可能会造成失误，使难度动作降低降组别，还会产生因为却类而减分；在完成分上还要减分，对运动员的心理产生很大的影响，会因为不自信、压力过大造成失误或体力体能的浪费甚至有受伤的风险。

在难度动作的选择上，根据运动员的特点和身体素质合理选择难度动作，帮助运动员合理运用体能，合理安排难度动作在成套动作中的秩序，把运动员最有把握、最有信心能完美完成的难度动作放在前面，成功后运动员的自信心得到极大的提高，在心理和身体上做好充分准备。第二个、第三个序位的难度动作选择复杂的、耗体力的及分值高的难度动作，这样可以保证精彩的开场和高质量、高效率的完成动作。

（4）设计路线、队形。竞技健美操比赛路线设计不仅仅是赛场中心和场地的各个角落，还包括比赛场地的全部空间，地面、站立、腾空要合理充分地使用。移动路线和队形的变化强调突然，快捷，避免重复，要考虑到运动强度和表演效果。队形变化要快，以最少的时间改变队形；要近，以最短的距离改变队形；要流畅，变而不乱，动中有序，清晰流动地改变队形；采用各种各样的对比，给人以强烈的视觉冲击，要充分地展示动作，队形变化要注意点线面的合理设计。

（5）创编动作。竞技健美操动作创编，可以先进行步伐的创编，这样做的目的是能实现队形变化，有利于方向的多样化。有移动路线变化的步伐创编完成后再创编上肢和手型，这方面要注意结合身体面的变化和躯干伸屈的变化，避免上肢动作在空间和方向上的单调和单板。动作设计要有节奏的变化，如一拍一动或一拍两动、两拍一动或两拍三动等。操化动作的编排要注重操化单元的多样性，操化动作的复杂和创新，还有操化动作的数量和均衡性。

3．练习与调整

成套竞技健美操创编完成后，可以进行全套操的练习，但此时创编还没有结束，在整套操练习时要从整体上检验创编的效果，即整套操的主题是否明确，操和音乐是否融为一体，难度动作和是否安排合理，高潮动作是否有、是否合理，运动强度是否适宜，队形与动作的配合是否流畅，整套操的连接是否流畅。这些因素只有在成套操练习时才能看得清楚明确。在练习的过程中，觉得有不合适的地方，就要检查修改，检查后的修改也很重要，有些调整可能是关键性的调整，有的可能是画龙点睛之举。在创编和修改的过程中还要注意控制竞技健美操时间问题，要短，队形的设计要精练，不要过多出现重复动作。

4. 编写文字说明和绘图

编写文字说明和绘图可以让运动员全面解竞技健美操的创编过程，了解创编意图，创编动作，也可以让创编者保留，为以后的教学，科研、交流等提供资料。

第六节　健美操运动队形的编排

一、队形编排的要求

队形编排在健美操成套动作表演中举足轻重，同样的动作组合，不同的队形编排，可以表现出完全不同的效果。队形编排要符合一定的要求才能达到预期效果。

（一）队形变换要丰富

变化节奏要紧凑且灵活。队形编排中要求变化丰富，这样能使动作完成显得十分生动；队形变化方式可以巧妙地采用快速融合、分散、分区等方法，突出变化迅速而自然有规律、移动位置小而变化效果大的特点，使队形变化灵活、紧凑，多而有序，展示一定的流动性。

（二）基本造型的组合要富有创意

队形无非一些直线、几何图形的组合，但是将各种几何图形自由组合起来，队形就变得独特而富有创意。

（三）队形设计要突显层次感

合理有效地通过手臂动作的相同或相异，以及身体的高姿或低姿等有规律地变化，组成了各种活动的、立体的画面，突出造型，从而表现较强的层次感，使其具有很高的观赏价值。

（四）队形设计中可以体现不对称性

队形设计中可以突破“对称性”这一传统的中国审美观，采用一些不对称造型，表现队形设计中的个性。

二、健身健美操比赛队形变换的创编

队形变换主要追求的是视觉效果，合理恰当富有创新性的队形变化给人一种耳目一新、眼前一亮的感觉。从变化形式上可以分为固定队形变化和流动队形变化两种。固定队形变化是指前一个队形和下一个队形，队员都是固定在场地中某一位置做动作，这之间的队形变化叫作固定队形变化。流动队形变化是指队员保持一定队形不变的基础上变换方向、路线所形成的图形变化。近几年在全国青少年校园青春健身操比赛中出现的队形变换方面的大胆创新主要有以下几方面：

（一）队形路线更加多样，队形移动变化数量有所增加

由之前较为简单的前、后、左、右四向直线移动，到出现对角线弧线等多视觉变化的路线，并多以复合型的队形移动形式出现，增强了画面的流动性和丰富性。

（二）空间使用更加立体丰富

以往动作编排几乎都在地面、站立二维空间，近年来地面、站立、空中三维空间运用也开始增多。

（三）操化动作也体现出多样性

在编排队形的变换原则上，首先，要完全符合比赛规则要求，在此基础上可进行创新，比如地面、地上、空中三维空间的运用，不对称图形、流动队形的使用依次完成动作和不同队形同时进行不同动作或配合的应用、动静结合高低错落方式的处理等，最终目的，还是力求最佳的观赏效果。其次，同一个队形避免重复雷同，突出队形多变、新颖的特点。如果能做到“人无我有，人有我新”，队形变换就进入了一个更高的层次。最后，不宜在同一队形上停留时间过长，一般不宜超过两个八拍；充分利用场地区域，避免队形的交叠。

根据队形变换的特点和编排原则，在进行队形变换编排时应注意的因素有以下几个：

1. 首先要从规定套路的整体风格来把握，根据音乐、操化动作特点来编排队形及其过渡

如果说音乐是整套操的灵魂，操化动作是它的血肉，那么队形变化就是支撑这套操的骨架。队形变换为操化动作服务，二者相辅相成，作为编排者，首要的任务就是在吃透规则的基础上充分了解比赛规定套路的艺术风格，然后有针对性地去进行创编，所编操化动作要与规定动作特点风格相一致，过渡要流畅自然队形变化要美观清晰且迅速。还要结合音乐特点，揣摩开始、高潮、结束各部应该

配以何种队形及过渡。一般按照循序渐进由简入繁的原则来合理安排。

2. 按照规则要求，要均衡、合理、充分地使用场地和空间，充分使用场地的每个区域，充分利用三维、空间和方向的变化

以往的编排中，较多使用场地中间区域而忽视了场地四个角的使用，造成场地使用不均衡、不充分的缺陷。编排中，应吸取经验教训，尽量使队形变化呈现多元化、多样化，多使用场地四个角，变化方向上除了较常见的前、后、左、右之外，也要考虑对角、弧线等较新颖别致的跑动路线。

固定队形和流动队形相结合，使队形变换富有层次感，避免单调呆板或者散乱的变化。空间方面，除了地面的走、跑跳动作，要适当加入腾空动作，使视觉上更立体，也可起到活跃气氛的作用。

3. 要根据队员的特点情况进行编排，不仅要考虑队员性别差异，还要考虑队员的自身能力和条件——包括身体协调性、节奏感、表现力、身体形态等

尽量使同性别队员对称站位，做配合动作时也要发挥队员的优势特长，力量较强的男队员发挥力量优势，柔韧较好或者体型较为轻盈的女队员多做优美的伸展性动作。为了达到较好的视觉效果，安排优秀选手在前排，也可起引领作用。充分扬长避短，选择队员擅长的动作以及简单、美观、容易做整齐的动作进行编排。当然，既简单又美观整齐的动作需要编排者多花时间下工夫搜集视频资料，多留心比赛中值得借鉴的队形变换，融合自己的想法，从而创造出更符合本队情况的队形和过渡。

在编创过程中，可以在规则的要求下，灵活运用和大胆创新，如将三角形与方形结合或者圆形与一字形结合等创造出不对称图形，通过不同图形的不同动作、路线、运动轨迹，来达到层次分明、新颖别致的视觉效果。

第五章　高校健美操教学

第一节　高校健美操教学规律与原则

一、健美操教学规律

（一）体育教学规律在健美操教学中的应用

体育教学规律是指体育过程内部各种教学现象所存在的本质的联系。这种联系决定着体育教学过程的必然表现和发展趋势。健美操教学是体育教学的重要组成部分之一。体育教学所要遵循的规律，同样是健美操教学所要遵循的规律。

（二）认识规律

健美操教学作为一种认识活动，是依照学生对周围世界认识的一般规律进行的。它是从不知到知，从知道得不确切、不完全到确切、较完全的过程。具体体现在健美操教学过程中，以及感知教材，理解教材，巩固知识、技术、技能和加以运用等几个阶段。感知教材既是学生对所学知识建立正确表象的过程，也是诱发学生学习主动性，启发学生独立思考，发展学生思维能力的基础。学生在感知的基础上，经过思维形成概念，认识事物的本质特征，进一步理解教材，这是学生认识的中心环节。

（三）人体生理机能活动能力变化规律

人体生理机能活动能力变化规律是指在进行身体练习过程中，人体生理机能活动和工作能力变化的必然趋势。由于健美操教学实践性强，其过程是人的有机体直接参与活动。因此，这个过程的安排必须遵循人体生理机能活动能力变化规律。这个规律表现为人体在从安静状态到进行身体活动时，各个器官系统的机能总是逐步上升，这个阶段称为上升阶段；然后达到并在一定时间内保持较高水平，这个阶段称为稳定阶段；由于疲劳的产生，机能能力逐渐下降，经过休息调整，机能能力又逐渐恢复到相对安静水平，这个阶段称为下降和恢复阶段。工作力呈现一种上升——稳定——下降——恢复的规律。

（四）动作技能形成规律

动作技能形成规律是指动作技能形成的必然过程。动作技能是指按一定的技术要求完成的动作。动作技能形成的过程，本质上是建立条件反射的过程。一般会出现三个阶段：粗略地掌握动作阶段（泛化阶段）、改进提高动作阶段（分化阶段）、动作运用自如阶段（巩固和自动化阶段）。这三个阶段是相对而言的，也是相互联系的。在健美操教学中，由于学生的身体素质、运动基础、心理特点、教材性质及其他有关条件的不同，这几个阶段的特点和所需时间也必然不同，需要从实际出发，灵活运用。

1. 粗略掌握动作阶段

此阶段特点是：大脑皮层兴奋过程扩散，处于泛化阶段，内抑制较差，表现为动作费劲、紧张、不协调、缺乏控制力，常有错误和多余动作。通过采用慢动作和分解动作的方法，使学生正确地感知动作，建立正确的肌肉感觉，初步掌握动作。

2. 改进提高动作阶段

此阶段特点是：大脑皮层兴奋与抑制过程处于分化阶段，兴奋相对集中，内抑制逐步发展巩固，并初步建立动力定型，能较精确地分析与完成动作，逐步消除动作的紧张和多余动作，动作开始趋向准确、协调和轻快，但还不够熟练，还不能应用自如。通过确立动作的改进目标，采用正误对比及反复练习等方法，使学生加深理解动作各部分间的内在联系，进一步消除紧张、多余与错误动作；同时将看、想、练、听紧密结合起来，使动作更趋于连贯、协调和优美，进一步掌握动作细节，提高动作质量，初步形成动力定型。

3. 动作巩固与运用自如阶段

此阶段特点是：大脑皮层的兴奋过程高度集中，内抑制相当牢固，接通机制稳定，形成牢固的动力定型。表现为动作自如，既能在各种变化的条件下，准确、熟练、省力、轻轻地完成动作，又能灵活自如地运用。继续通过反复练习，尤其是应反复进行变换练习，使学生身体机能水平和运动机能不断提高；通过采用检查法、比赛法、评比等方法，使已经形成的动力型进一步得到巩固，不断提高动作的自动化程度。

（五）人体机能适应性规律

人体进行运动时，体内产生一系列的变化。机体功能对这些变化有一个适应过程。产生这种适应性的过程，是有阶段性的，并有一定规律。

二、健美操教学的基本原则

健美操教学原则是在教学实践中，不断总结研究教学规律的基础上所制定的健美操教学的基本要求和指导原理。健美操教学原则对健美操教学进程的各个环节都起指导、调节和控制作用。这就要求在健美操教学中，应根据该项目的特点，正确地贯彻于运用体育教学中的各项基本原则。

（一）教师主导作用与学生自觉性相结合原则

健美操的教学过程是教师与学生相结合的双边活动，师生双方的自觉性和积极性是决定教学效果的重要因素，缺少任何一方的自觉性和积极性，都不可能收到良好的教学效果，其中教师的积极性和主导作用的发挥更为重要。因此，教师主导下的学生发挥自觉积极性原则的实质在于发挥“教师教”与“学生学”两个方面的作用。教师主导与学生积极性的发挥既是独立的，又是相互依存、相互促进和相互影响的。

（二）直观与思维相结合原则

健美操动作教学的显著特点之一是要不断地学习新动作。因此，直观与思维相结合的方法和手段在健美操教学中具有特别重要的意义。根据人们对客观事物和现象的认识规律，学生通过视觉、听觉、触觉和肌肉本体感觉来感知所学动作的技术，也就是学生将所看到、听到的现象和肌肉在一定的时间、空间里的运动力度的感觉等，通过思维活动反复加工并加以多次实践，使之建立正确的动作概念。

（三）循序渐进原则

循序渐进原则是指教学内容、教学方法、练习负荷的科学性和系统性。它必须反映当代体育科学技术和健美操学科的发展水平。它以体育基础理论为指导，并广泛运用“边缘科学”的理论。在健美操教学内容、教学顺序上要进行科学的安排，逐步深化，同时在运动量和能力培养上也应遵循循序渐进的原则。

（四）身体全面发展原则

人体各部位、各器官系统、各种身体素质是相互联系、相互制约的。健美操的特点在于自然、协调、健美的运动，对全面地提高身体素质和促进人体健美有积极的作用。因此，在教学中应重视学生身体的全面发展，促进其掌握各种动作技术，保证教学任务的顺利完成。

（五）巩固和提高相结合原则

巩固和提高相结合原则是根据认识规律和运动技能形成的规律提出来的。知识和技能的巩固是学生学习和锻炼过程中十分重要的环节。如果学习的知识和技能不能得到巩固，就不能在记忆的存储库中检索和提取，就会妨碍应用。反之，知识和技能若得到及时提高与巩固就能反过来加深对教学内容的感知和理解。由此，在健美操教学中必须遵循此原则。

第二节　高校健美操教学的意义

一、健美操运动能丰富校园文化生活

人类社会文明的发展与进步逐渐催生出一些体育运动项目，在人类社会文化的发展过程中，体育发挥的作用越来越重要。目前，人们的业余时间，体育健身成为至关重要的一项活动，它不仅可以使参与者的身体得到锻炼，还可以使参与者的内心得到满足。由于健美操运动的迅猛发展，健美操在人们的生活中越来越受欢迎，与此同时，人们的生活中也开始出现各种各样的健美操比赛。

对于高校而言，健美操运动不再只是一种教学形式。在高校的校园文化活动中，健美操运动凭借其独特性，在高校中站稳了脚跟。无论是在学校重要的文化活动中，还是在学校的各种比赛中，都有健美操的存在。如今，由于高校健美操运动的深入发展，大部分高校学生越来越喜欢参加健美操比赛。为了准备比赛或演出，学生会投入更多的时间和精力。在这个参与的过程中，学生不仅锻炼了身体，也愉悦了身心，与此同时，学生的自我表现欲望也在一定程度上得到了满足。

观看比赛和表演对于观众来说是一种娱乐性欣赏行为，学生在表演的过程中，通过高超的健美操技巧使健美操运动的特点被充分展现出来。与此同时，健美操运动也吸引了越来越多的参与者，这在一定程度上丰富了学生的校园文化生活。

二、健美操运动能塑造学生形体

健美操作为一项新兴的体育运动项目，不仅能锻炼身体，还能愉悦身心，因此深受人们的喜爱。目前，社会经济的发展极大地提高了人们的生活水平，这也在一定程度上带动了人们对健康、娱乐的需求。人们开始重视体育运动，心态也发生了相应的变化，不再是被动接受体育项目，而是积极参与到体育运动中。这些都在一定程度上提高了健美操运动的地位，人们逐渐参与到健美操运动中，并且都收获了健康和快乐。

与此同时，在逐渐深入的大众健身理念之下，健美操运动成为我国一项主要的健身项目，也是大众健身的重要组成部分之一。目前，大部分高校的体育健康教学计划中都加入了健美操运动，更好地发展了专业的健美操知识，使大批的健美操运动人才得到了培养。在我国的体育健身事业中，健美操运动发挥的作用日益明显，此外，发展健美操运动的意义也比较深远。

在长时间的健美操训练之后，学生可以使自身较差的身体状态得到改善，从而塑造一个比较优美的体态。除此之外，学生的修养和气质也会得到培养，使人感到朝气蓬勃、健康向上。另外，健美操运动还能在一定程度上塑造更加健美的体型。特别是在力量练习中，学生不仅可以促进骨骼的发育，而且可以增加肌肉围度，弥补一些先天的身体缺陷，从而对学生健美体型的塑造起促进作用。与此同时，健美操运动也可以说是一项有氧健身运动，长时间的健美操训练可以消除学生体内多余的脂肪，平衡人体的吸收和消耗，还可以减轻体重，从而使学生的健美体型得到保持。

三、健美操运动能促进学生的心理健康

现在，随着社会竞争日趋激烈，很多高校学生的学习压力不断加大。他们往往由于过大的精神压力，出现内心焦躁、抑郁等问题，这些精神压力使大部分学生产生了心理上的疾病。体育运动能够在一定程度上缓解学生的精神压力，从而能够有效预防学生产生各种心理疾病。从这个角度来看，健美操具有更加突出的功能，健美操不仅动作优美，还能全面锻炼身体。除此之外，健美操的伴奏音乐节奏感强烈，可以有效缓解学生的精神压力。在轻松优美的健美操运动中，学生能够忘记那些不好的事情，把注意力从这些烦恼中解脱出来，享受健美操运动的乐趣，不仅能平静自己的内心，而且能使自己的精神压力得到有效缓解，从而使学生拥有一个良好的心态。

除此之外，通过健美操运动，学生可以使自己的人际交往能力得到提高。人际交往能力在高校的生活中是至关重要的一项能力，不仅能使学生之间的友谊得到培养，还能让学生在交流中以正确的心态面对种种压力，同时能使学生的身心得到放松。由此可见，健美操运动不仅可以健身，还可以娱乐身心，使人们在运动的过程中获得精神上的享受，从而使人们的心理需求得到充分满足。

第三节　高校健美操教学的内容、要求与课程安排

一、高校健美操的教学内容

高校健美操的教学内容是教师和学生开展健美操教学活动的依据，是实现健美操教学的重要条件，它主要是指为完成教学任务和教学目标而进行的各种理论知识学习和身体练习。

（一）理论教学

教师要从思想观念角度入手，加强对健美操理论知识的讲解，使得学生能够认识到健美操运动项目本质、特点等，为健美操实践提供指导，深化学生对健美操的认识，为后续教学奠定坚实的基础。

（二）预防知识

虽然健美操运动不具有对抗性，但在实际练习和训练中，由于科学健身的意识较弱，准备活动不适当，违背科学健身原则，身体状态不佳，环境因素等，都会对身体造成一定的运动损伤。对此，教师除了要进行理论知识讲解，还要传授一些健美操预防损伤的知识、运动损伤的原因及处理运动损伤的方法。

（三）实践教学

在实践教学中，教师要坚持针对性原则，针对不同年级的学生，要安排对应的学习内容，如初入学的大一学生，要更加关注对健美操运动特点的把握，如项目发展情况、训练内容等。而进入大二，教师要侧重对学生对运动紧急处理措施的教学。随着年级的提升，对于健美操教学的难度也随之增强，使得学生能够循序渐进地学习和掌握健美操运动。

二、高校健美操的教学要求

（一）促进学生身心健康全面发展

（1）发展人体各器官系统的生理功能，促进学生身体发育日趋完善。

（2）发展心理功能，使学生具有优良的思想和道德品质。

（3）发展力量、速度、耐力、柔韧、灵敏等身体素质，使学生形成正确的身体姿态和良好的气质。

（二）让学生学习并掌握健美操基本知识

（1）了解健美操的健身价值和功能，掌握健美操的基本理论、基本技术技能及锻炼方法。

（2）了解健美操的创编原则与方法，初步学会成套健美操的编排。

（3）了解健美操竞赛的主要规则和表演知识，提高对健美操比赛表演的欣赏能力。

（三）培养学生多方面能力

（1）参加健美操及其他体育活动的运动能力。

（2）自学、研讨、创新和创编能力。

（3）审美与创造美的意识与能力。

（4）组织健美操教学、比赛、表演及裁判能力。

（5）合作与互助能力。

（6）组织和协调个人、班队、校内和社会的活动能力及管理能力。

学校通过健美操教学与实践活动以及深入细致的思想教育工作，培养并提高学生对健美操的兴趣，在完成健美操教学任务的过程中，逐步实现上述教学目标，以适应21世纪培养德、智、体、美全面发展的高素质的创造型人才的要求。

三、高校健美操的课程安排

学校健美操的课程设置一般由准备部分、主体部分、结束部分组成，也有采用多段教学的课程结构。不论何种结构，其实质都应遵循人体机能活动规律、动作技能形成规律、人体适应性规律和组织体育课教学的规律，把教与学的双向活动安排得合理，使各个部分的教材内容、组织教学和时间分配等符合教学对象和任务，使练习与休息合理交替，达到最佳的组织教学和锻炼效果。

健美操教学的课程时间一般为90～100分钟。

（一）准备部分

时间：一般为20分钟左右。

主要内容如下：

（1）学生整队报告；教师明确本堂课的任务和要求；检查出勤情况，处理见习生等。

（2）准备活动，一般以热身操的形式出现，主要有以基本步伐配合手臂动作为主的单个或组合动作，或者通过练习健美操的基本动作，达到热身和掌握基本技术的双重目的。

（3）把基本动作中结构复杂的动作精简化后可安排在准备部分中进行练习，以加快基本部分的教学进程。

（二）主体部分

时间：一般为60分钟左右。

主要内容：根据教学大纲和教学计划规定的教材内容，结合学生的具体情况进行教学。

（1）主要进行徒手、手持轻器械的单个动作、组合动作和成套动作练习。

（2）学成套动作时，可按成套健美操的节序、段序，一节一节或一段段地学习。

（3）在学完后面一节或一段时，要及时与前面一节或一段串连起来练习，以掌握节与节或段与段之间的连接技术，加强学生对动作的记忆。

（4）对于结构复杂的动作，可采用完整动作示范、分解成几个部分进行练习，再完整教学的方法，即完整——分解——完整法。

（5）在每堂课的教学中都应增加并特别注重对学生多方面能力的培养，根据各阶段的任务设计出能力培养的具体内容、方法和手段，使理论与实践教学相结合，传授知识与培养能力并举。

（6）采用练习与休息合理交替的方法调整课的练习密度和运动负荷。大强度的、连续的跳跃后或成套动作练习后，要多休息一段时间；一般练习后可少休息或不休息。可采用讲解、示范、纠正错误、小组交替练习等多种方法调整课的运动负荷。

（7）课堂教学可采取合班与分组结合的方式，在学习理论合班上，练习提高分组进行，然后教师及时总结和评价。

（8）直观模拟和电化教学相结合。运用现代教育技术手段给学生观看各种风格的健美操表演、自己表演的视频和其他优秀运动员的表演，有效激发学生的学习兴趣，培养学生的创新意识和创造能力。

（三）结束部分

时间：一般为5～10分钟。

主要内容如下：

（1）放松运动，一般以伸拉性、弹动性动作配合呼吸进行放松练习，使身体负荷逐渐恢复到相对平稳状态。

（2）总结本堂课任务的完成情况，布置课外练习作业。

（3）整理教学用具，将器材归还原处。

这里讲的是健美操课程的一般结构。根据任务的不同，也可以不按上述三部分进行。有时在课的一开始就严格按照成套动作的顺序，一节一节地进行教学，使学生的肌体进入有氧代谢活动中。而成套动作的练习与休息的交替，则要根据教学活动的情况，采用合理的组织教学、教法加以调整。有些内容有时还可以培养 1～2 名健美操技术和身体素质较好的学生担任小教员来讲授和表演，教师进行补充和提高。

四、高校健美操课程内容的优化

（一）高校健美操课程内容设置的依据和原则

1. 课程内容设置的依据

课程目标作为课程设计过程中重要的组成部分，对课程内容的选择起着指导作用。内容选择必须依照目标，使目标和内容获得一致。有关健美操专修课程目标的研究现在有很多成果，如王美、邱建刚、毛俐亚的《体育教育专业健美操专项培养目标的研究》等。综合现阶段专家的研究结果得出：体育院系教育专业的健美操专修学生的培养目标应适应社会发展的需要，即健美操教练员、健身指导员、体育教师和社会指导员。因此，课程内容设置应对应明确的课程目标，注重基本技术、基本理论和基本技能的综合提高，培养适合社会需求的“多能一专”复合型人才。这正充分体现了 21 世纪教育改革与发展的指导思想，即提高学生的综合素质，培养学生的创新意识，教育学生学会育人，真正培养能够迎接新世纪挑战的一代新人。

2. 课程内容设置的原则

（1）课程内容应注意基础性。课程内容的基础性是针对学生主体的实际情况而言的。基础性原则要求课程内容的选择要从学生已经达到的实际经验和运动技能的发展水平出发，所设置的课程内容能够适应学生现状，促使学生进一步发展。

（2）课程内容应注意实用性。课程内容应贴近社会生活，是指在设置课程内容的过程当中，应以学生的实际生活经验为基础。如学生都学习了哪些理论知识，哪些运动技能，现实生活中有哪些常见的问题可以用我们所学的知识解决，等等。例如，健美操的重要作用之一就是改善形体形态，矫正畸形，使全身各部位的比例匀称、协调平衡、和谐。因此，形体健美操就成为高校健美操课程的重要内容。

3．课程内容要与学生和学校教育的特点相适应

各个学校在开设专修课的时间长短不一样，课程开始的时间也不一样。因此，在选择高校健美操课程内容的时候应根据各个学校的具体情况，综合考虑学生的基础，选择适应学生发展的课程内容。

（二）高校健美操课程内容选择与优化策略

1．优化健美操教学内容

针对高校健美操课程内容单一的问题，需要在原来的内容基础上进行不断的优化、不断的完善。健美操不仅是一门体育课，更是一门形体、健身、娱乐课，通过对健美操课程的学习，促进学生综合素质的提高。在健美操课程内容的安排上，除了要学习关于健美操方面的基本知识外，还要增加一些新的教学内容，如街舞、瑜伽、啦啦操、拉丁等，使学生的学习不局限于健美操，涉猎更多新的健身项目，丰富健美操课程内容。另一方面，充分利用学校的啦啦队社团、健美操协会等学生组织，邀请社团的学生讲授他们的经验，教同学们新的舞步，为健美操课堂注入新的血液。社团成员与非社团成员之间的切磋、交流，在一定程度上带动学生健美操学习的热情，丰富学生的课余生活。

2．加强学生创新能力的培养

健美操运动的发展靠创新，因此创新能力的培养成为健美操专业人才培养的关键。在使学生掌握牢固的专业基础知识的前提下，要求学生在学会教师教的内容的同时，自觉地提高自己的创新意识，培养自己的创新能力。如学生可以主动地创编健美操组合，然后在课堂之上展示给老师和同学，让老师和同学共同评价，找出优缺点，予以鼓励。这样能激发其他同学的兴趣，提高课堂气氛，提高教学效果。

3．注重教学方法的更新

高校学生健美操基础普遍薄弱，不同学生身体素质、运动能力等均有差异。因此，要求教师在教学过程中，不能一味采用传统的灌输式教学，教师教授学习内容、学生被动学习的形式。教师可根据学生个体情况的不同，进行因材施教，分层教学。在教学过程中，常会出现有学生掌握动作快，有学生掌握慢；有学生协调性好，有学生协调性较差，学生个体之间差异较大。因此，教师要培养学生的自学能力。教师在教授完动作后，让学生自己研究，根据教师讲解示范动作，回忆每个细节动作，结合自己的肢体对着镜子反复练习，最终达到自己满意的程度。对于学习能力较差的学生，可采取“一对一”或者小组的方式进行带动式学习，既培养学生教与学的能力，又培养团队协作意识。

为了更好地实施健美操专修课程内容，我们应配以恰当的教学方法，如实践式教学、研讨式教学、双语教学、团队式教学、拓展式教学等，这样才能使所选的课程内容真正地发挥作用，促进学生的全面发展。

4．考评体系优化

必要的考评体系是检测教学实效和学习成效的重要手段。国内高校在开设健美操课程建设时，都建立了必要的考评手段。最常见的是技术考核。这里的技术是专业的授课技术，来源于国家在该领域所作出的明确规定。但是技术考核并不是全部的考核，不同学校在设置考核体系时，各种考核方法所占的权重也不尽相同。由于各个学校的技术教学内容和教学方法、特点均不同，建议高校健美操考试分理论和实践两个方面。学校体育理论试题库，学生可在学期中网上答题，作为理论成绩；同时由两三名健美操老师成立考评小组，对成套套路、基本技术动作自编套路进行技能评定，避免一人评分的片面性，组织考核也不烦琐，增强实效性。

高职院校担负着“培养德、智、体、美全面发展高级专业人才”的重任，国家在高职院校人才培养规格中提出了“具有一定的体育、卫生和军事知识，养成良好的体育锻炼习惯和生活习惯，体魄健全；具有一定的美学知识和初步的审美能力”的要求。这就使高职院校在培养学生良好思想品德，传授科学技术知识的同时，还必须对学生进行体育教育，以提高学生的健康水平。而高职院校健美操教学恰恰担负起上述重要使命。

第四节　高校健美操教学方法及运用

一、高校健美操教学的基本方法

（一）讲解法

讲解法是健美操教师向学生说明所学动作的名称、技术要点、做法和要求等以指导学生进行练习的方法。讲解法是健美操教学中运用语言的一种最主要、最普遍的形式。采用此教法时应做到以下几点。

1．讲解要有目的性

教师所讲的内容要能清楚地说明完成动作的技术要点、具体做法及要求等，围绕教学任务、内容和教学过程中学生存在的问题有目的地讲解。

2. 讲解要准确

健美操教师所讲的内容应是准确、清楚、有逻辑性的，即概念准确、清楚，言之有理，实事求是，并运用统一规范的健美操专业术语。

3. 讲究讲解的时机和效果

健美操教师的讲解可以在示范后进行，也可以边示范边讲解。讲解时要根据学生已有的知识经验来确定所需讲解内容的广度和深度，从而使学生更好地理解和掌握动作。

4. 讲解要有启发性

在教学中力求用生动形象的语言促进学生学习情绪和求知欲的高涨，引导学生积极思考，使学生将听、看、想、练有机地结合起来。

5. 讲解要有艺术性

健美操教师讲解时的普通话要标准，口齿应清晰，语言要生动形象，比喻要恰当，并富有趣味和感染力。这样才能加快学生对动作的理解，建立正确的动作概念。

6. 讲解要有节奏和鼓舞性

讲解的语言节奏是指语言的声音强弱应按特定的顺序和时间间隔交替进行。健美操教师讲解的语言应有激情，这样有利于调动学生练习的积极性。

（二）示范法

1. 示范动作要准确、规范、轻松和优美

这样的示范有利于激发学生跃跃欲试的心理，产生练习兴趣，容易引领学生自觉积极地进行模仿，从而起鼓舞和动员的作用。因此，健美操教师要不断地提高示范动作的质量，做到准确、规范、轻松和优美。

2. 要选择合适的示范位置

示范讲究示范面或示范方向，在健美操教学中，教师应根据不同健美操的结构采用不同的示范面。如果动作是围绕人体前后轴运动，或左右移动，则健美操教师应采用镜面或背面示范；如果是身体的侧屈或侧移，同时两臂经肩侧屈上举，或围绕身体左右轴运动，则要做侧面示范等。健美操教师示范位置的选择要合理，要有利于全体学生一目了然、看清动作，当学生人数多时最好在高位置上进行示范。

3. 示范要有明确的目的性

健美操教师的示范要根据教学任务、步骤以及学生的学习情况来确定。如新授教材，为了使学生建立完整的动作概念，一般可先做一次完整示范，然后结合教学要求做分解示范或重点示范、慢速示范和正常速度的示范等，或综合运用各种示范方式。

4. 示范与讲解相结合

教师在健美操教学中，只有把示范与讲解紧密地结合起来，使这两者的优点得到互补，并且克服个中缺点，才能获得最好的教学效果。

（三）练习法

练习法是有目的、有计划地多次重复练习单个动作、组合动作或成套动作的方法。练习法是学会、巩固和提高动作的重要方法。

1. 重复练习法

健美操运动重复练习法是指在不改变原动作结构的基础上，根据动作要领反复进行练习的方法。

采用重复练习法后要做到以下几点。

（1）要防止错误动作的重复。在健美操教学中，一旦发现自己的动作是错误的动作时，要立即进行改正，不要在发现错误动作时还进行反复练习。

（2）要控制运动负荷。在健美操教学中采用重复练习法时，要根据自己的身体情况合理控制运动负荷，避免身体疲劳。

（3）要合理安排重复次数。在健美操教学中，重复练习的前提是学生在每一次反复练习中保证动作都是正确的。如果重复练习的次数少，学生就不容易掌握标准的动作；如果重复次数过多，学生就会失去练习的热情，所以要合理安排健美操训练重复的次数。

2. 交替练习法

在各科教学中，“交替法”是深受教师喜爱的一种教学方法。该方法主要是根据各科的教学任务把学生按照需求分为两个及以上的小组进行练习，也可称为“小组合作法”。在运动型教学科目中，比如最常见的健美操，“交替法”的另一大优势便体现出来了，即能给予学生在训练之余最多的休息时间，毕竟体育活动对体力消耗巨大。

不同学生的身体素质不同，可以在分组时将身体素质相近的分为一组，在集体练习之后的交替练习中可以更方便地设计不同的训练强度。

在运用“交替法”来进行健美操教学时，要给学生看需要完成的任务，使其带着问题去看其他同学做，并对其进行提问，这样有利于提高学生的观察力和认识能力。切记不可对休息的学生放任自流，应时时督导他们观察他人练习时出现的问题并及时反省自身，从而得到更好的训练效果。

在健美操教学中，交替练习可以采取双数分组进行“一对一”的练习，这样可以使学生之间相互观察，方便进行经验的交流。

采取交替法进行健美操练习时，必须有明确的学习目的。通常在学习新课程时，主要是为了学生能掌握新动作的技巧并且能承担一定的运动负荷；在复习课时，主要是为了纠正错误动作，并能熟悉成套动作。

（四）合作学习法

在现代社会中，人际交往能力、合作能力日益显示出其重要性，合作学习是当代教学理论中重要的学习方法之一。合作学习法主要是将一个班级的学生划分成几人一组的学习小组，给每个学习小组布置具体的学习任务，小组的各个成员分别负责任务的某一部分，这种学习方式能使学生通过相互帮助实现学习目标。合作学习法主要有以下几个特征。

1. 目标性

合作小组的成员都有一个共同的活动目标，都是在共同的目标指导下进行合作学习的。为了共同目标，小组成员互相依赖，互相帮助，共同努力实现目标。

2. 个人责任

在合作学习法中，通过任务分工，能够培养学生的责任感。在小组学习中，必须独立完成自己负责的学习任务，因为是合作学习，离不开小组的每一个学生，所以完成学习任务，既是对自己负责，也是对小组其他成员负责。在合作学习中，个人的成功也是与小组联系在一起的。

3. 机会均等性

合作小组一般按“组内异质，组间同质”的原则进行分组，每个学生个体都有平等的机会在各自的小组中充当教师角色。

4. 竞争性

合作学习的竞争性主要是指组间竞争，组内进行合作。合作学习并不排斥竞争，而是把合作与竞争有机地结合起来。在整个教学过程中，合作是主线，在提倡组内合作的同时，教师积极开展组间竞争以激发学生学习的动机和兴趣，在教师的参与下个人竞争转变为小组竞争。

5. 角色性

每一个成员都有自己的角色，这个角色在小组合作学习中并不是固定不变的，是在合作过程中轮流变化的。教师将任务分给小组，小组组长将任务划分成多个子任务分配给每个小组成员，每个成员都充当一定的角色。

采用此教法时应做到以下几点。

（1）每个学生的任务要明确，要让每个学生都参与其中，避免个别学生独自练习。

（2）合作学习的时间不能太长，教师要巡回指导并观察学生学习情况。

（3）合作学习结束后进行小组展示，教师给予适当的评价，有利于提高学生学习的积极性。

（4）合作学习比较适用于复习内容或反方向的学习。

（五）带领法

带领法在健美操学习中，主要是由教师带领全体学生进行训练的一种学习方法。这种方法主要用于新授课或课前热身。对于一些比较简单的健美操动作而言，教师在队伍前带领学生进行动作练习，就能够达到学习的目的。但是有些复杂的健美操动作，由于节与节之前衔接比较复杂，动作过多，学生经常忘记或记错动作，就需要教师在队伍前进行多角度示范，带领学生共同学习训练。

采用带领法进行学习时应做到以下几点。

1. 根据动作需要选择正确的带领示范面

如果是简单的动作结构，可以选择镜面示范进行教学；如果是复杂的动作结构，可以采用背面示范进行教学。如果在健美操教学中遇到左右方向变换动作时，可以选择镜面示范或背面示范进行教学。

2. 新授课采用背面示范带领学生练习

在新授课时采用这种方法，学生能较快地掌握身体姿态、身体部位等方面的肌肉感觉。

3. 复习课采取镜面示范进行教学

在复习课上，大部分学生都能掌握成套动作，这时可以采取镜面示范进行教学。这种教学方式能为学生树立榜样，也能为教师节省更多的时间去发现个别学生的错误动作。

4. 采用镜面示范的比例应比背面示范的比例高

这样有利于教师在教学的过程中全面掌握学生的学习动态，而且方便师生之间进行交流。

（六）记忆法

记忆法是运用心理原理，通过学生自己一系列的心理活动配合完整练习来记忆动作的一种方法，主要有以下几种方式。

1. 念动练习法

念动练习法主要是指学生在练习动作时有意识地、系统地在脑中重复再现已形成的动作表象，心里不停地背诵动作要领和口令以形成心理暗示，达到熟练和加深动作记忆的目的的练习法。

2. 观察模仿法

观察模仿法是指分组练习，一组做动作，一组观察，并随其模仿练习，提出缺点，纠正错误，加深记忆。这种方法有助于巩固正确动作的动力定型，而且在观察别人错误的同时也能改正自己的缺点。

3. 简图强化法

简图强化法是指在课后，学生亲自把每堂课所学的动作的名称、做法逐拍地用简图的形式表示出来。在完成图解的过程中，动作的名称、顺序、做法等在学生的头脑中多次再现，学生对其模仿、分析，从而达到强化记忆的效果。

这种方法可以节省体力消耗，提高教学质量，熟练成套动作，提高运动感觉能力。

（七）完整与分解法

1. 完整法

完整法在健美操教学中是指对健美操的成套动作进行完整的讲解。这种方法不能破坏整套动作的完整结构，不能改变动作之间的联系，所以要求学生学习掌握的速度要快，但是这种方法只适合节拍较少的健美操教学。

2. 分解法

如果说完整法适合节拍较少的健美操教学，那么分解法则适合动作较为复杂且节拍较多动作的健美操教学。分解法主要是把复杂的动作和节拍多的动作合理地分解成多个局部动作，学生能够在这种教学方法中掌握全部动作。

采用完整法和分解法时应该注意以下几点。

（1）在健美操学习的过程中，如果遇到简单的动作可以采用完整教学法。

（2）如果学习的动作结构复杂，可以采取慢速度的完整法进行教学，在学生能够建立动作概念后，再按正常的速度进行教学。

（3）对于一套复杂动作较多的健美操，可以将其较难的部分分解成几个局部动作进行教学，等学生熟练掌握分解动作后，再进行完整的教学。

（4）在采用分解法教学时，要注意分解练习的时间不能过长，否则会影响完整动作的学习。

（5）分解法在健美操教学中的最终目的是让学生更好地掌握完整的动作，

所以在遇到复杂的动作时，可以先采取分解法进行教学，当大部分学生已经能掌握绝大部分动作时，再采用完整法进行配合。

总之，每种教学方法都有各自的特点和功能，并且它们之间是存在联系的，健美操教师要熟练掌握各种教学方法，才能灵活运用，并得心应手。健美操教学实践也证明，无论是新授课还是复习课，都不是用单一的教学方法就能完成教学任务的，应根据健美操课程的任务需要，灵活地、相辅相成地运用各种方法，使每一种方法的运用都成为整个教学过程中有机的一环，充分发挥各种教学方法的效能，这样才能更好地实现健美操教学目标。

二、高职院校健美操教学方法

大部分高职学生积极向上，有正确的治学态度和行为方式，但深入剖析也普遍存在水平参差不齐，基础知识薄弱、不善研究，稳定性差、易情绪化，自卑感强，缺乏自信等思想深处的矛盾与困惑。如能根据学生的特点采取适当的教学方法则会收到事半功倍的教学效果。笔者根据近几年来开展健美操教学的经验体会，总结了在高职学校健美操教学中的几种教学方法。

（一）音乐先行教学法

音乐是健美操的灵魂，学生对音乐和节拍的理解能力直接关系到完成的是“哑巴操”还是“健美操”，从而影响学习效果。因此，我们首先进行音乐教学，完成听懂乐句、乐段以及节拍能力的教学，自行完成 4 个八拍的动作（一个乐段），避免了只能跟随老师才能听音乐完成动作。实行了音乐为先的教学模式以后，学生对音乐的审美能力也会有所提高。课间经常播放一些各种风格、节奏、特点的音乐供学生欣赏，把学生的积极性休息变成积极性学习。

（二）基本功教学法

高校体育教材中健美操的内容，多是以成套出现的，在教学中每节课都有一定的内容和要求。每一套大众健美操都是由单个基本动作组成的，每一个动作又有一定的制动感和协调性的要求，也可以说每个动作的质量都与基本功有关。所以，在短时间内，让学生掌握相应的知识、技能，应抓住健美操中具有规律性的基本功和基本动作进行先行教学，掌握动作之间衔接，提高成套动作的质量。同时，可使学生养成凡事打好基础、不急于求成的良好习惯。

（三）示范法

示范法是体育教学中常用的一种教学方法，能够比较形象生动地展示授课内容，给学生直观的动作概念，使学生做到眼看、耳听、心数、体动、脑记五位一体同步进行，让学生快速形成动作感知。在健美操的教学过程中，教师进行健美操基础动作教学时可以采用这种方法。示范法可以分为正面示范、背面示范、镜面示范和侧面示范，教师可以根据不同的教学内容使用不同的示范类型。不同的教学阶段，示范的方法也有所不同，注意示范的重点、次数、时机和方向的选择。

（四）教学语言运用

教学语言是健美操教学中教师对学生的学习进行引导、要求、评价和鼓励所使用的一种交流工具，分为口头提示和非口头提示，是健美操教学控制系统的核心。教师根据健美操动作幅度的大小，动作性质来决定提示的快慢和强弱，而且提示必须有一个时间提前量，使学生有足够的心理准备，保证动作衔接的协调流畅。

1. 口头提示

口头提示的内容主要有动作的节奏（口令）、名称、方向、要求、要点、练习次数和激励语言等。常以口令形式出现，口令有号召性、鼓励性，注重与音乐节奏的吻合、口令的音量、语调的强弱。提示口令需准确、及时、简洁。学生能更好地完成练习，活跃课堂气氛，达到教师与学生的沟通，增强教学效果。

2. 非口头提示

在健美操教学中，标志或符号、肢体、语言、面部表情、音乐等，每一种非口头提示都能在做什么动作、向何处做、何时做和如何做的口令中起辅助作用。

（五）互助合作教学法

根据教学任务的需要，将学生分成两个（或以上）小组互相交替进行练习，它的程序是：动作示范讲解→教师领做练习→学生练习＋相互反馈→学生练习。分配职责：领操者、纠错者、裁判员、总结者、组织者等，或组成评价组互评形式，使组内成员各负其责，阶段练习后互换职责，再次进行互助练习及评价，实现健美操教学多元化，培养学生分析问题、解决问题的能力，给予学生较多参与学习的机会。学生在扮演各种角色的同时心理素质得到锻炼，自信心逐渐提升，对提高就业竞争力有很大帮助。

（六）设立阶段性目标教学法

在体育教学过程中，为了使学生正确、熟练地掌握某项运动技能，必须通过多次、反复的练习，但是这样往往会使学生感到枯燥和单调。高职学生稳定性差，很难对一项事物保持自始至终的热情，为了抑制学生这种不良情绪，我们可以把教学目标分解，设立阶段性目标，并进行阶段考核，中间也可以穿插一些表演和比赛，这样学生就会保持一种很好的积极性，无论是从生理学还是从教育学方面来说，都有积极作用。教无定法，贵在得法。每个教学环节的安排都应该有利于学生的学习，切实为完成课前制定的教学目标服务。高职教育教学改革应该遵循高职学生的认知特点，寻求适合高职学生的教学方法，做到因材施教，努力增强学生的学习积极性，提高教师的教学水平。

第五节 高校健美操教学发展的趋势

一、高校健美操发展现状分析

新兴的体育健身项目——健身健美操运动不仅充满活力，还充满热情，同时契合了高校青春活力的特征。我国的健美操协会于 1992 年成立，在成立之初，全国范围内就掀起了健身健美操的热潮，各种健身健美操运动在全国范围内展开。与此同时，全国的各大高校也掀起了这一热潮，并且深受学生的喜爱。所以，高校也开始开展健身健美操运动。如今，高校的健身健美操由于不断深入的高校课程改革也获得了一定发展。对于高校而言，其体育教学方式采用的是普修结合选修，从而使学生拥有了更多的自主选择权。因此，大部分学生都选择了健身健美操运动项目。尤其是对于高校的女生而言，她们必不可少的一项体育学习项目就是健身健美操运动。另外，高校源源不断的健身健美操运动比赛也使高校的健身健美操运动变得更加专业，并且大部分学生都在一定程度上提高了自身的健身健美操运动水平。除此之外，高校还引进了一些具有较高水平的健身健美操教师，这也在一定程度上对高校健美操运动的发展起了促进作用。所以，目前高校的健身健美操运动不仅具有丰富的内容，还拥有众多的参与者。

二、高校健美操发展趋势展望

（一）高校健美操的发展趋势

1. 高校健美操的发展逐渐多样化

目前，健美操运动已成为高校体育课程教学中重要的组成部分之一，并且逐渐具有多样化的种类和练习形式，在高校开始流行拉丁健美操、街舞健身操、搏击健身操等不同风格的健美操。与此同时，这一发展趋势也符合学生多样化的学习需求。

2. 高校健美操促进了社会体育的发展

当今世界，知识经济的迅猛发展不仅使人们的生活水平得到提高，也在一定程度上给人们的生产和生活方式带来了改变。其中一个较为显著的改变就是增加脑力劳动的同时减少了体力劳动。由于日益激烈的社会竞争，人们逐渐增大了生活与工作压力，社会上开始广泛产生各种都市病和文明病，人们也因此认识到身体健康的重要性，开始注重健身，这也在一定程度上对社会体育的发展起了促进作用。随着生活水平的提高，人们逐渐形成“花钱买健康”的观念，健身运动成为人们新的时尚消费，这些健身理念影响到当代大学生，在学校和社会的双重影响下，大学生健康观念逐渐增强，越来越多的学生开始参与健身。健身健美操以它独特的健身性、竞技性、表演性娱乐性让更多的学生参加到健美操的运动中来。

3. 高校健美操训练逐渐提高了科学化程度

（1）在当前的知识信息时代，随着逐渐加快的知识信息传播速度，人们在家里就能获取多样化的知识信息，这在一定程度上传播和普及了健美操知识。与此同时，还能跟上国际健美操的发展趋势。

（2）科学训练手段不断增多，更好地保障了高校学生健美操的练习效果。测定不同年龄组学生的身体健康状况和研究最佳运动的心率范围，有助于设计科学有效的运动处方。一旦学生使用不科学的训练方法，不但不能获得良好的锻炼效果，还很容易造成运动损伤。所以，学生只有掌握科学锻炼原则，才能真正达到健美操锻炼的目的。

（3）健美操的发展与科学的理论知识和训练方法是分不开的。目前，由于现代科学技术逐渐提高，人们开始主动寻求一些多样化、科学化的健身方式而不再只局限于单一的训练形式。对于大部分人来说，他们在对健身项目进行选择时，最看重的就是能否真正达到锻炼的目的。由此可见，健美操项目要想取得更好的发展，就要不断提升自身的科学化程度。如今大部分的健美操从业人员已经意识到科学健身的重要性，也都在积极地进行探索，这在一定程度上提高了健美操的科学化水平。

（4）随着市场竞争的日益激烈，健美操运动得到了飞速发展。由于人们的健康意识不断增强，健身产业也在一定程度上获得了较大的发展，在各大城市中逐渐出现了众多现代健身场所。健身场所不断增多，也逐渐加剧了健身市场的竞争。只有通过服务才能实现现代健身场所的经营价值，同时服务质量的好坏在一定程度上对健身质量与经济效益产生了直接影响，另外，也对健身市场的兴衰产生了影响。由此可见，要想推动健身俱乐部的发展，就要为健身消费者提供高效和优质的服务，从而促进健身指导服务质量的提升。最近几年，我国高校的健美操运动发展迅速，提供了大量的后备人才，在未来的发展过程中也要密切联系市场，从而对我国健美操的发展起了促进作用。

（二）高校健美操的发展对策

1. 加大宣传力度，深化普及健美操运动

目前，健美操运动在我国的开展和普及已经斩获佳绩，尤其是在发展高校健美操运动方面，大部分高校都开设了健美操的相关课程。如今，在新形势下更要加强推广和宣传健美操运动，从而更好地普及我国的健美操运动。

2. 大力发展和推广各级学校的健美操运动，增加健美操的人才储备

对于学校的健美操运动而言，教师是最为重要的因素之一，学校应该大力培养健美操教师，从而提升健美操教师的专业技能和教学水平，不仅学生能取得良好的学习效果，还可以在一定程度上对高校健美操运动的发展起促进作用。

3. 加强研究健美操运动理论

健美操运动技术，不仅能促进健美操技术水平的提高，还能使学生掌握更加科学的训练方法，从而促进高校健美操的科学发展。科学的方法可以对健身起指导作用，从而使更多的学生积极参与健美操锻炼。

目前，我国还没有较为完善的健美操的相关理论，虽然实践经验比较丰富，但是没有科学的理论进行指导，很容易使实践与正确发展的轨道偏离。所以，有必要加强研究健美操运动理论，尤其是高校的健美操运动，确保其在教学中的权威性，同时还要密切结合健美操实践，从而用健美操的理论知识实现对实践的指导。

与健美操创编相比，我国对健美操音乐的研究还不够。由此可见，我们要加强研究健美操运动的音乐编辑，通过现有的各种先进科技，整理统计和分析大量健美操方面的音乐资料，并利用多媒体技术制作视频和音频。

第六章　高校健美操的教学训练与创新

第一节　高校健身健美操基本动作训练方法

一、头颈部动作训练

（一）屈

头部向前、后、左、右四个方向分别做颈部关节弯曲的运动，包括前屈、后屈、左侧屈、右侧屈。注意身体正直，做动作时应缓慢，充分伸展颈部肌肉。

（二）转

头保持正直，然后头颈部沿身体垂直轴向左、右转动 90°。注意下颌平稳地左右转动。

（三）环绕

头保持正直，然后头颈部沿身体垂直轴向左或右转动 360°，两动作一致，方向相反。注意转动时头部要匀速缓慢，不要过快。动作要到位，向后转时头要后仰。

二、肩部动作训练

（一）提肩

双脚开立，身体保持正直，然后肩部沿身体垂直轴向上提起。动作变化包括单提肩、双提肩。注意尽可能向上提起，提肩时身体不能摆动。

（二）沉肩

双脚开立，身体保持正直，然后肩部沿身体垂直轴向下沉落。动作变化有单肩下沉、双肩下沉。注意尽可能向下沉落，沉肩时身体不能摆动，头尽量往上伸展。

（三）绕肩

双脚开立，身体保持正直，然后肩部沿身体前、后、上、下四个方向进行绕动。动作变化包括单肩环绕、双肩环绕。注意绕肩时身体不能摆动，动作要尽量大，舒展开。

三、上肢动作训练

（一）基本手型

（1）并掌：五指并拢伸直，指关节不能弯屈。

（2）开掌：五指用力分开，手腕保持一定的紧张程度。

（3）拳：五指弯屈紧握，大拇指第一关节压在食指与中指的第二关节处。

（4）推掌：手掌用力上翘，五指自然弯屈。

（5）西班牙舞手势：又叫花掌，五指用力、小指、无名指、中指自掌指关节处依次内旋，拇指稍内扣。

（6）芭蕾手势：五指微屈、后三指并拢，稍内收，拇指内扣。

（7）一指剑：拇指与中指，无名指、小拇指相叠，食指伸直。

（8）响指：拇指与中指摩擦与食指打响，无名指、小指弯屈至握。

（二）举

以肩关节为中心，臂伸直向某方向抬起。动作包括前举、后举、侧举、侧上举、侧下举、上举等变化。注意动作到位，有力度。

（三）屈

肘关节由弯屈到伸直或由伸直到弯屈的动作。动作包括胸前平屈、胸前屈、肩侧屈、肩侧上屈、肩侧下屈、头后屈等变化。注意关节做弹性的屈伸。

（四）摆动

以肩关节为轴，手臂在 180° 以内的上下或前后运动称之为摆动。可直臂或屈臂、依次或同时进行。

（五）冲拳

屈臂握拳，由腰间猛力向前冲拳，可双手或单手。

（六）推

立掌，手臂出胸前或肩侧向前或向上推。

（七）交叉

两臂重叠至 X 形。

（八）绕、绕环

双臂或单臂以肩为轴做弧线运动。动作包括双臂或单臂向内、外、前、后绕或环绕等变化。注意路线清晰，起始和结束动作位置明确。

在进行上述动作时，应注意肌肉用力，动作要有力度并富有弹性，避免上肢动作过分僵硬；在做动作时注意动作的幅度和到点制动的能力，使动作具有美感和力度感，凸显健美操的特点——健、力、美。

四、躯干动作训练

（一）胸部动作

1．含胸、挺胸

含胸时，低头收腹，收肩，形成背弓，呼气；挺胸时，抬头挺胸，展肩，吸气。动作有手臂胸前平屈含胸，手臂侧平举展胸变化。注意含胸时身体放松，但不松懈；挺胸时，身体紧张但不僵硬。

2．移胸

移胸时，髋部位置固定，腰腹随胸部左右移动。动作可以有左右移动变化。注意移胸时，腰腹带动胸部移动；动作要尽量大。

（二）腰部动作

1．屈

腰部向前或向侧做拉伸运动。动作变化包括前屈、后屈、侧屈。注意充分伸展，运动速度不宜过快。

2．转

腰部带动身体沿垂直轴左右转动。动作变化有迈步移动重心与转腰运动结合。注意身体保持紧张，腰部灵活转动。

3．绕和环绕

腰部做弧线或圆周运动。动作变化包括与手臂动作相结合进行腰部绕和环绕。注意路线清晰、动作圆润。

（三）髋部动作

1．顶髋

双腿开立，一腿支撑并伸直、另一腿屈膝内扣，上体保持正直，用力将髋顶出。动作变化包括双手叉腰顶髋，左顶、右顶、后顶、前顶。注意动作用力且有节奏感。

2．提髋

髋向上提。动作变化包括左提、右提。注意动作与腿部协调向上。

3．绕和环绕

髋做弧线或圆周运动。动作变化包括左、右方向进行绕和环绕动作。注意运动轨迹要圆滑。

五、下肢动作训练

（一）立

1. 直立、开立

身体直立，再打开双腿，做开立动作。注意直立时身体要抬头挺胸，开立时脚的间距约与肩相等。

2. 点立

先直立，再伸出一条腿做点立或双腿提起做提踵立。动作变化包括侧点立、前点立、后点立、提踵立。注意动作要舒展。

（二）弓步

直立后，大步迈出一腿，做屈腿动作。动作变化包括前弓步、侧弓步、后步。注意步子迈出不能太小，当然也不能太大。

（三）踢

双腿交换做踢腿动作。动作变化有前踢、侧踢、后踢。注意动作要干净利落。

（四）弹

双腿进行弹动动作。动作变化有正弹腿、侧弹腿。注意双腿要有弹性。

（五）跳

做各种姿势进行腿部练习。动作变化有并腿跳、开并腿跳、踢腿跳。注意跳时要有力度和弹性。

第二节　高校轻器械健美操训练方法

一、绳操的训练方法

（一）绳操概述

绳操是随着音乐的伴奏，手持绳的两端，或者将绳对折手握绳两端，且要细直绳，通过上肢动作和下肢动作，达到锻炼身体的目的。绳操是一种有氧健美操锻炼方法。

绳操对绳有较高的要求，绳可以由多种材料制成，有的是棉质绳，有的是麻质绳，有的是棉麻混制的绳，且单人绳和多人绳的长度也是不同的。一般单人绳是 2 ～ 2.3 米，双人或三人绳是 2.5 ～ 3 米，专门跳长绳的绳长是 5 ～ 7 米。

绳操是健美操运动的一种，健美操具有的所有特点绳操都具备，绳操需要上、下肢均衡运动，练习者需要根据自身的身体情况调节运动量。绳操是一种软器械运动，所以会存在一定的限制性。

绳操运动中大部分动作都是跳跃动作，跳跃动作具有减脂瘦身的功能，并且有利于改善心肺功能。绳操对运动人群没有限制，适合各种人群，所以深受现代人喜爱。

绳操动作简单易学，深受大众喜爱，主要表现为以下几点：

（1）绳操的器械主要是绳，属于软器械，这种器械方便携带且可折叠，适合广大喜爱健身的人群。

（2）在绳操锻炼中可以根据自身实际需求选择绳的长度，并且可以根据自身情况选择练习方式，绳操针对身体的各个部位有不同的练习方式，有的能改善形体、有的能调节心肺功能、有的能提高身体的柔韧性。

（3）绳操的训练场地不受任何限制，绳操简单易学，并且安全性高。

（二）绳操的基本技术

绳操的基本技术主要包括摆动、绕环以及跳绳。

1. 摆动

双手或单手握绳头，以肩为轴前后或左右摆动绳。摆动时肩放松，力量均匀，以控制绳形不变。

2. 绕环

双手或单手握绳头，以肩、肘或腕为轴在身体各个面上做各种绕环。在做绕环动作时需要注意的是，绕环面要准确，绳不能触及身体。

3. 跳绳

跳绳包括双脚跳、单脚跳、高抬腿跳等形式，可做向前摇、向后摇、双摇、交叉摇等跳跃动作。跳绳时需要注意的是，双臂自然伸直，以手腕为轴摇绳，跳起时要轻松有弹性，落地时应有缓冲。

（三）绳操动作组合

预备姿势：下面动作以先出右脚为例，身体保持正直，将绳折成四折放于体前。

1. 第一个八拍

1 ～ 2 拍：两臂平举，随着右脚向右并步，两臂还原。

3 ～ 4 拍：左臂朝上举，右臂向下举，随着左脚向左并步，两臂持绳还原。

5～6拍：两臂上举过肩，右脚向右并步。

7～8拍：两臂上举过肩，左脚向左并步，手臂还原。

2. 第二个八拍

1～2拍：两臂上举，左脚脚尖点地，右脚向前迈一步。

3～4拍：两臂向后环绕并下举，左脚向右脚并步。

5～8拍：后四拍动作与前四拍动作一致，但是方向相反。

3. 第三个八拍

1～2拍：双手持绳平举向左右两侧摆动，右脚向右移动一步，并且重心右移。

3～4拍：后两拍和前两拍动作一致，但是方向相反。

5～8拍：两臂上举，从右上移动至左上，环绕头顶一周，右脚向右侧移动。

4. 第四个八拍

1～4拍：将绳对折，手握绳两端，右脚开始做跑跳步，右手握紧绳中断，以右手腕为轴向前做绕环。

5～8拍：后四拍下肢动作与前四拍相同，左手放于右胸前，右手手臂上举，以右手腕为轴做水平小绕环。

5. 第五个八拍

1～4拍：双手握绳两端在身体两侧做“8”字绕环，两腿依次向前踢。

5～8拍：后四拍双手握绳两端在身体两侧做四次“8”字绕环，同时做后屈腿跳。

6. 第六个八拍

1～4拍：两腿做高抬腿动作，同时向前摇跳

5～8拍：两腿做后屈腿动作，同时向前摇跳。

7. 第七个八拍

1～4拍：两腿做高抬腿动作，同时交叉向前摇跳。

5～8拍：两腿做后屈腿动作，同时交叉向前摇跳。

8. 第八个八拍

1～8拍：第八个八拍动作同第五个八拍中的前四拍动作相同，重复两次

9. 第九个八拍

1～4拍：左手放于右腰间，右臂向上举，以右手手肘为中心绕绳，右脚向前走4步。

5～8 拍：左手放于右腰间，右臂向上举，以右手手肘为中心绕绳，右脚向后退 4 步。

10．第十个八拍

1～4 拍：双手握绳两端，举至头上摆动一周，左脚向左走 4 步，同时转体 360°。

5～8 拍：将绳折四折，右手握绳两端，左手握绳中间，右脚向右走 4 步，同时转体 360°。

二、哑铃操的训练方法

（一）哑铃操概述

哑铃操的主要器械就是哑铃，哑铃操是手持哑铃进行锻炼的一种健美操形式。使用哑铃锻炼有利于增强锻炼者上肢关节的灵活性和柔韧性，由于哑铃的重量不同，锻炼者在做各类动作时，还能提高上肢的肌肉控制能力。

根据材质和制作方法，哑铃可分为以下三种类型：①木制或铁制哑铃。②健美操专用的有软包装且带护把的哑铃。③不带护把的普通哑铃。

由于材质的不同，哑铃在重量上也存在一定差异。练习者可根据自身的身体条件选择重量。哑铃的握把长度为 10～12 厘米，握把直径 3 厘米左右，哑铃的铃头大多呈圆形或圆柱形，直径为 5～7 厘米，健美操专用的哑铃带有护把，护把的半径为 4 厘米左右。

哑铃在使用上也有独特的方法：除拇指外四指并拢握住握把，拇指握压在食指的第一个关节上。哑铃操是一项非常有意义的运动，具体表现在以下两个方面：①哑铃操有利于提高练习者上肢各个关节的柔韧性，这主要是由于哑铃本身有一定的重量，能使肌肉控制各个关节的发力。②哑铃操是在各种音乐的配合下完成的，练习者可以在运动的同时，跟随音乐降低身体的疲劳感，这样也能提高练习者练习的兴趣。

（二）哑铃操的基本动作

1．腿部动作

哑铃操中有许多腿部运动，包括提哑铃前冲、举哑铃蹲立等。

（1）提哑铃前冲。双手各提一个哑铃，放于身体两侧，并尽可能贴近身体。保持直立状态，挺胸抬头收腹，背部挺直，双肩绷紧。

1～2 拍：收腹吸气，两脚脚尖向前，右脚向前迈一步，右膝微屈，使右膝与脚后跟处在一条直线上。

3～4拍：屈左膝，使左膝与地面相隔5厘米。

5～8拍：利用右脚脚后跟发力收右腿，身体慢慢直立起来，呼气。

两腿交换重复练习，一组重复15～20次，练习3组。

在做提哑铃前冲动作时，要注意臀部与大腿、脚后跟保持在一条直线上。因为这样可以避免膝盖和后背在运动时由于压力过大而造成运动损伤。

（2）举哑铃蹲立。双手各提一个哑铃，放于身体两侧，并尽可能贴近身体。保持直立状态，两眼向前看，挺胸抬头收腹，背部挺直，脚尖向前双脚分开，膝盖微屈，膝盖与脚背保持在一条直线上，两手将哑铃举过肩。

1～4拍：吸气，同时膝盖微屈缓慢下蹲，挺胸并保持背部平直，将身体的重量放在足踝骨上，膝盖和脚处在一条直线上，两腿处于平行状态。

5～8拍：呼气，同时慢慢将身体站直，并且保持背部挺直，双臂放回到身体的两侧，脚后跟贴近地面不离地。

将该动作反复练习，每组10～20次，共练习4组。

在做举哑铃蹲立动作时，需要注意以下两点：①动作全程中脚要贴近地面，脚后跟不离地。②蹲立时，高度不要超过椅子高度

2．背部动作

哑铃操的背部动作主要有提哑铃耸肩和屈身提哑铃。

（1）提哑铃耸肩。双手分别放在身体的两侧，手中各提一个哑铃，分腿直立，微屈膝，挺胸收腹，骨盆略向前倾，双眼向前看。

吸气，同时慢慢耸起双肩并向后转动，尽量使哑铃贴近身体，保持这个姿势2秒，再呼气，同时慢慢落下双肩反复练习20～25次，共3组。

在做提哑铃耸肩动作时需要注意的是，练习时不要驼背，收胯，要使头部与脊骨保持在一条直线上。

（2）屈身提哑铃。双脚分开比肩稍宽，脚尖朝前，从臀开始向前屈身，双手紧握哑铃，吸气呼气，同时慢慢地将哑铃提向腹部上方并保持背部平直，保持这一姿势2秒，再吸气，同时慢慢将哑铃放回到地上。

反复练习10～15次，共3组。

在做屈身提哑铃动作时，需要注意两点：①在过程中一直保持屈膝状。②哑铃重量要控制好。

（三）跑跳哑铃操

1．第一节

预备姿势：身体直立，双手抱拳，拳心相对，双臂屈肘放于腰间。

（1）第一个八拍。

1～3 拍：原地踏步，手臂尽量保持不动。

4 拍：右脚并向左脚，之后做预备姿势。

5 拍：双臂上举哑铃一次，左脚侧伸，脚跟点地，右腿屈侧弓步。

6 拍：双臂还原，放于双腿两侧，右腿伸直，左脚向右脚并立。

7 拍：第 7 拍动作与第 5 拍动作一致，但是方向相反。

8 拍：还原成准备姿势。

（2）第二个八拍。

1～4 拍：左脚在原地踏四步，手臂不动，保持预备姿势。

5 拍：左腿向后方伸直，脚尖点地，右腿向前屈成弓步，同时双臂后举，拳心相对。

6 拍：左脚并向右脚，同时双臂拉回腰间两侧，拳心相对。

7～8 拍：后两拍动作与 1～2 拍动作一致，但是方向相反。

（3）第三个八拍。

1～4 拍：左脚在原地踏四步，手臂不动，保持预备姿势。

5 拍：左腿向前迈出并高抬，两臂上举，拳心相对。

6 拍：左腿还原成并立姿势，双臂拉回腰间，拳心相对。

7～8 拍：后两拍动作与 5～6 拍动作一致，但是方向相反。

（4）第四个八拍。

1～4 拍：左脚在原地踏四步，手臂不动，保持预备姿势。

5 拍：两腿跳成分腿开立姿势，双臂向上举，拳心向下。

6 拍：两腿跳回并立姿势，双臂拉回体侧。

7～8 拍：后两拍动作与 5～6 拍动作一致，但是方向相反。

2．第二节

（1）第一个八拍。

1～3 拍：由左脚开始向前走三步，同时双臂前后自然摆动。

4 拍：右脚向左脚并立，同时双臂伸直置于体侧。

5 拍：右腿屈膝，左腿侧伸脚尖点地成侧弓步，同时两臂经体前交叉绕至上举，头上交叉，左臂在前，拳心向前。

6 拍：左脚向右脚并立，同时双臂经侧绕至体前交叉，右臂在前，拳心向内。

7 拍：同第 5 拍动作，但是方向相反。

8 拍：还原成准备姿势。

（2）第二个八拍。

1 拍：左脚向左迈出一步呈开立状态，同时双臂向两侧举，拳心朝下。

2 拍：右脚经左脚后向左迈一步，同时双臂向两侧举，拳心朝上。

3 拍：第 3 拍动作与第 1 拍动作一致，但是方向相反。

4 拍：右脚向左脚靠拢，呈并立状态，双手放在腰间，拳心朝上。

5 ～ 8 拍：后四拍动作与前四拍动作一致，但是方向相反。

（3）第三个八拍。与第一个八拍动作一致，但前四拍向后行进。

（4）第四个八拍。与第二个八拍动作一致。

三、健身球操的训练方法

（一）健身球操概述

健身球的普及是在 20 世纪 80 年代，当时健身球主要出现在理疗诊所和康复中心，主要是为了提高运动员的平衡能力，同时健身球也是预防运动员运动损伤的训练工具，后来开始走进健身房，在美国逐渐风靡。

健身球操是利用健身球不稳定的特性，通过持球和在球上做不同的动作来锻炼人的平衡、力量、柔韧等素质，从而达到收紧肌肉并增强人体曲线美的塑身效果。健身球锻炼时比较安全，不容易出现损伤，是一项比较适合在健身房和家中练习的运动项目，通过经常练习可以改善人的姿态，缓解肌肉疲劳，减少脂肪，增强力量，改善平衡能力，增强躯体控制能力。健身球一般用聚氯乙烯材料制成，直径从 60 厘米到 100 厘米不等。

1999 年健身球才开始进入我国上海的健身房，2001 年健身球在我国广州健身房出现，后来传入各大城市的健身房，健身球在我国流传只有 20 年的时间，所以健身球进入我国的时间并不长。

（二）健身球操的基本动作

1. 适应性动作

在学习健身球操之前，要提前练习一些动作，这样才能在之后掌握健身球操的力度，具体的适应练习有以下几种。

（1）坐球。坐球动作是为了熟悉健身球而产生的。将球靠在墙面上，坐在球的正上方，双腿尽量分开，臀部要与肩膀位于一条直线上，渐渐熟悉后，可以使球离开墙面进行练习。

（2）躺球。健身球操中会有许多臀部动作和胸部动作，躺球动作是健身球操中重要的组成动作，这个动作能锻炼练习者的背部、臀部以及腿部。坐在球的正上方，双腿尽量分开，腿部慢慢前移，臀部向上抬起，与地面保持平行，肩部移至球上，使颈部和头部能够舒适地躺在球上。

（3）跪球。跪球动作能够训练人的平衡感，双腿分开站在球前，缓慢下蹲，双手放在球的上方，将双膝置于球上，把球慢慢前移直到脚离开地面，使身体可以在上面平衡足够长的时间。

2. 稳定性动作

（1）屈伸肩胛。像做俯撑一样把膝放在球上，双手扶地，夹臀，头与脊柱保持水平，让肩胛尽量展开再收缩。

（2）伸展肩带。使膝在球上而手在地面，动作类似俯撑，臀部不要下垂，让头部与脊柱平行，上肩带骨尽量往远处伸。

（3）背肌练习。将腹部置于球上，双手置于健身球前方的地面，双脚置于健身球后方的地面，让脚离地并进行控制。

（4）背部伸展。俯卧于球上，腿尖触地并尽量分开双腿，双手置于体侧，抬起胸部使其离开球并将手翻转使手掌心朝上，尽量让肩胛骨靠拢。

（5）大腿根、臀的抬伸练习。躺在地上，双脚放在球上，双手置于体侧，手心向下，抬起臀部，让脚和肩在一条直线上。

（6）单腿稳定蹲坐。站在离墙 1 ～ 2 米处，把球放在下背部与墙之间，抬起一条腿并让大小腿的夹角成 90°，慢慢下蹲，另一条腿的大腿与地面平行，双手侧平举。

（7）稳定蹲坐。站在离墙 1 ～ 2 米处，把球放在身体下背部与墙之间，人往下蹲直到大腿与地面平行，膝盖对准脚尖方向，保持这个姿势，手伸展在体前。

第三节　高校健身街舞训练方法

一、健身街舞概述

街舞诞生于 20 世纪 60 年代的美国，它被归纳为嘻哈文化的一部分，与涂鸦、打碟、说唱这些同时代产生的黑人地下文化并称为嘻哈四大元素。

在 20 世纪六七十年代，街头舞者主要是生活在纽约布鲁克林区的美国人和墨西哥裔。由于受到社会的歧视和不公正待遇，生活在这一地区的许多黑人青少年因不能接受正常的教育而流浪于街头。他们急需找到一种合法的途径来表达和宣泄内心的压抑情绪，他们身上具有的音乐和舞蹈天赋促使了街舞的形成，街舞这种表达情感、发泄压抑的活动，逐渐演绎成了一种街边文化。他们常常在街边聚会、娱乐、跳舞，有时还要比舞助兴，形成了各种流派和不同风格的街舞。街舞文化的精神实质最突出的表现形式就是“自由”，每个人都可以自由、放松地按照自己喜欢的方式移动身体，因而深受现代年轻人的喜爱，便迅速流传并普及开来。

随着街舞在欧美的流行，街舞运动在20世纪90年代中期也传入中国。在1996年，孟宪军老师率先制作了一张只有18个8拍的街舞动作光盘。1998年，中央电视台体育频道“健美5分钟”介绍了街舞，为街舞在我国的宣传与普及起了积极的推动和引导作用。而后，在各种新闻媒体和不同层面赛事的大力宣传下，街舞在我国得到了广泛的普及和发展。目前，中国学生健美操艺术体操协会已出台街舞的规定动作套路和竞赛评分规则，国家体育总局体操管理中心也出台了街舞竞赛评分规则。随着群体健身活动的兴起，街舞作为健身运动的一个项目，已进入各高校、中学、各个城市的街头广场和各大城市的健身中心。由于街舞动作的难度不大，强度适中，又有很好的健身价值，很快就成为国内非常时尚的一种健身运动方式，备受健身爱好者的青睐。

二、健身街舞训练

（一）健身街舞基本动作训练

1. 基本步伐

（1）踏步。右腿屈膝抬脚，上体收腹向下压。

（2）侧向踏步。屈膝抬脚，上体收腹向下压，向右侧落右腿，同时上体展腹抬起。

（3）侧滑步。右腿向右侧跃出一步，双臂自然打开，同时左腿向右跟步侧滑；左腿原地踏步一次；换腿重复上述动作，回到起点。

（4）交叉步。右腿向右侧踏步一次，左腿踏步落在右腿后侧；右腿继续向右侧踏步一次，提左膝，同时前压上体，然后并步落地，换腿换方向重复上述动作。

（5）开合步。双腿向外跳成分腿屈膝，向内跳成合腿。

（6）前侧点步。右脚前点，同时双臂体前直臂交叉；右脚侧点，同时双臂向侧打开。

2．肢体动作

（1）珍妮特转髋。右腿以脚跟为轴，前脚掌向右侧转动，左脚以脚尖为轴脚跟向左侧转动；两脚转动还原成全脚着地；左脚以脚跟为轴向左侧转动，右脚以脚尖为轴向右侧转动。

（2）头转。用头转，注意要用手和脚去旋转。

（3）单臂分腿转。该动作要求整个身体做完整的旋转，旋转动作的完成依靠手臂转换完成，一只手做圆形的动作而不运用身体的力量，另一只手再做同样的动作。

（4）扣膝转踝。右腿向右侧一步，膝关节向外转，脚跟顶起向内转动，同时右前臂旋；右脚跟向外转动，膝向内扣，同时右前臂内旋。

（5）倒立手转。用一只手倒立，尽可能地旋转直到脚着地为止。

（6）波浪。由下到上的波浪，以膝开始波浪，经过髋、躯干直到胸部。

3．基本技术

（1）弹动。在街舞中，最基本的动作就是身体的弹动。这个过程是通过膝关节的弹动、踝关节的保护和髋关节的屈伸来实现的。在街舞的动作中，每一个动作都包含了两个以上的关节配合动作，其中首要的就是身体的弹动，然后才是其他的配合动作。如街舞的原地踏步练习，首先是膝关节的弹动，有了弹动的感觉后，再配合其他不拘一格的身体动作（如甩头、摆手等），就构成了原地踏步动作。当舞者能够随心所欲地做到身体弹动时，接下来就要增大动作幅度，使身体的每一个部位都有弹动的感觉，这时舞者的动作就会自然而松弛，节奏感强烈而韵味十足。

（2）缓冲。街舞的缓冲技术主要表现在膝关节的弹动、踝关节的缓冲和髋关节的屈伸三个方面。该技术与动作息息相关，可以使舞者把握街舞的动作特色。在街舞的练习中，膝关节几乎很少伸直，多数是在微曲或弹动的状态下完成动作的。

（3）控制力。街舞属于技巧性较高的运动项目，要求舞者具有较高的力量、柔韧性和协调性，特别是肢体的自我控制力。在街舞动作中，同样的一个动作，力度和侧重点不一样，出来的效果也不一样。在有的动作中，当需要体现上肢的爆发力时，手臂肌肉力量就要加强；当需要体现腿部动作时，就要有侧重地控制腿部肌肉，让腿部的力量达到要求。

（4）重心转换技术。街舞在重心的移动技术方面主要表现在动作方向的变化上，通过前、后、左、右的移动，使身体运动的路线发生丰富的变化。街舞的重心转换技术主要靠左右脚支撑的变化来实现。可以说除了上肢和躯干的动作之外，这一技术动作占据了很大的比例，它使街舞动作具有律动感和技巧性，从而展现了街舞的基本特色。

（二）健身街舞组合动作训练

1．街舞初级组合

第一个八拍：

（1）步伐：1～2 拍右脚前点，挺胸；3～4 拍左脚前点，挺胸；5～6 拍，挺胸两次；7～8 拍上体下压绕环。

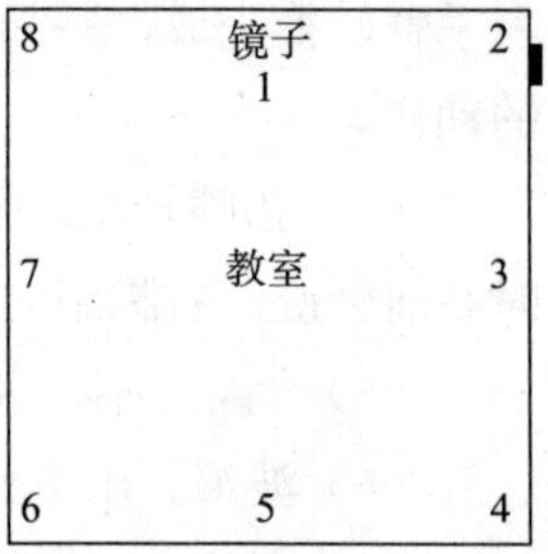

（2）手臂：1～2 拍直臂下压；3～4 拍屈前臂；5～6 拍放松下垂；7～8 拍扶大腿支撑。

（3）手型：1～4 拍五指分开，屈腕；5～8 拍五指分开。

（4）面向：1～4 拍 1 点；5～6 拍 2 点；7～8 拍 8 点。

第二个八拍：

（1）步伐：1～2 拍右腿后交叉双膝同时屈；3～4 拍左腿后交叉双膝同时屈；5～8 拍屈膝弹动同时转体 4 次。

（2）手臂：1～4 拍直臂放于体侧，随身体摆动；5～8 拍直臂左右抬起

（3）手型：1～4 拍放松打开；5～8 拍半握拳。

（4）面向：1～2 拍、5～7 拍 2 点；3～4 拍、6～8 拍 8 点。

第三个八拍：

（1）步伐：1～2 拍右膝内扣，身体左转；3～4 拍反向；5 拍提右膝；6 拍提左膝 7～8 拍后并腿。

（2）手臂：1～2 拍右臂伸直向右展开；3～4 拍左臂向左展开；5～8 拍屈臂下压。

（3）手型：1～4 拍半握拳；5～8 拍五指分开下压。

（4）面向：1～2 拍 8 点；3～4 拍 2 点；5～8 拍 1 点。

第四个八拍：

（1）步伐：1～2 拍迈左腿并右腿；3～4 拍迈右腿并左腿；5～6 拍左侧身体波浪；7～8 拍右侧身体波浪。

（2）手臂：1～4 拍直臂左右摆动；5～8 拍屈前臂随身体内收外展。

（3）手型：1～4 拍五指分开；5～8 拍半握拳

（4）面向：1 点。

2．街舞中级组合

第一个八拍：

（1）步伐：1 拍“哒”分腿；2～4 拍分腿屈膝；5 拍直腿抬右腿；6 拍直腿抬左腿；7～8 拍分腿屈膝向前跳。

（2）手臂：1 拍右大腿，“哒”拍左大腿；2～4 拍双臂屈扶大腿；5 拍左臂直臂后绕；7～8 拍自然下垂。

（3）手型：五指分开。

（4）躯干：3～4 拍身体波浪。

（5）面向：1 点。

第二个八拍：

（1）步伐：1～2 拍右踝内收两次；3～4 拍左膝放、抬、放；5 拍上右腿；6 拍“哒”左膝外展内收；7～8 拍屈膝弹动。

（2）手臂：1～2 拍双臂下垂；3～4 拍屈臂伸、屈、伸；5～6 拍自然下垂；7～8 拍双臂放头后。

（3）手型：五指分开。

（4）面向：1～5 拍 1 点；6 拍 8 点；7 拍 2 点；8 拍 5 点。

第三个八拍：

（1）步伐：1 拍出右腿；2 拍收右腿；3～4 拍左转 90°。同 1～2 拍，5 拍上左腿，6 拍上右腿，7 拍跳步双腿后撤，8 拍分腿左转。

（2）手臂：1、3 拍双臂侧下压；2、4 拍放体侧；5 拍自然摆动；6 拍双臂前伸；7 拍双臂后伸；8 拍屈臂。

（3）手型：五指分开。

（4）面向：1 拍 7 点；2 拍 5 点；3～7 拍 3 点；8 拍 7 点。

第四个八拍：

（1）步伐：1～2 拍侧恰恰步；3～4 拍收右腿并左腿；5～6 拍并腿左转髋；7 拍右弓步；8 拍左弓步。

（2）手臂：1 拍右前臂绕环；2 拍右肩绕环；3 拍屈臂向上；4 拍屈臂后提；5～6 拍双臂屈臂；7 拍双臂右侧伸；8 拍双臂左侧伸。

（3）手型：五指分开。

（4）面向：1～4 拍 3 点；5～6 拍 5 点；7 拍 6 点；8 拍 4 点。

3. 街舞高级组合

第一个八拍:

（1）步伐：1～2拍左右上两步，“哒”左后屈膝；3拍左腿伸“哒”吸压腿；4拍伸左腿；5～6拍左腿前迈并步；7～8拍由下向上波浪。

（2）手臂：1～2拍前后屈臂；3～4拍自然下垂；5拍双臂后拉；6～8拍自然下垂。

（3）手型：五指分开。

（4）面向：1～3拍1点：4～8拍8点。

第二个八拍:

（1）步伐：1拍左腿前伸屈腿蹲；2拍并腿；3～4拍左右膝外展；5～6拍吸右腿前弓步；7拍左膝侧后屈，“哒”左腿侧伸；8拍并步。

（2）手臂：1拍双手下压；2拍双手放头后；3拍右臂打开；4拍左臂打开；5拍右手扶左大腿“哒”左手扶右大腿；6拍右臂侧伸；7拍右手摸右脚“哒”侧伸；8拍屈臂。

（3）手型：五指分开。

（4）面向：1点。

第三个八拍:

（1）步伐：1～2拍左腿屈伸；3～4拍左腿后撤恰、恰、恰；5～6拍屈右腿，左膝上步；7～8拍吸腿后撤步。

（2）手臂：自然摆动。

（3）手型：五指分开。

（4）面向：1～2、8拍1点；3～7拍8点。

第四个八拍:

（1）步伐：1～2拍并步；3～4拍分腿屈膝；5～7拍屈膝弹动；8拍吸右腿。

（2）手臂：1～2拍依次伸左右臂；3～4拍双手依次拍右左大腿；5拍双臂右摆；6拍双臂左摆；7～8拍屈前臂左绕。

（3）手型：1～2拍拳；3～4拍五指分开；5～6拍拳；7～8拍五指分开。

（4）躯干：5拍含胸；6拍挺胸；7拍右绕肩；8拍左绕肩。

（5）面向：1点。

第四节 高校健身健美操的创新

一、高校健身性健美操理论创新发展

（一）理论创新发展的基本原则

1．娱乐性原则

参加高校健身性健美操的大学生看重这项运动的理由不外乎它的健身性和娱乐性。带有娱乐性的运动项目会让人感到身心愉悦，乐于参与，展现出热情、活力和积极向上的精神状态。健美操运动不仅可以健身，还可以娱乐身心，使大学生在运动的过程中获得精神上的享受。

健美操具有更加突出的功能，健美操不仅动作优美，还能全面锻炼身体。除此之外，健美操的音乐伴奏节奏感强烈，使学生不仅能享受健美操运动带来的乐趣，还能拥有一个良好的心态。

因此，在高校健身性健美操理论创新方面要注重将健身性、观赏性和娱乐性相结合，只有这样才能使健身性健美操在高校校园中的发展更有生命力，从而得到更好的推广和发展。学生普遍反映，在健身性健美操中能得到身心的放松，这主要是因为健身性健美操的动作是轻松、随意的，练习者会被健美操热情奔放的情绪而感染。

与健美操相比，健身性健美操更加注重奔放的个性，所以健身性健美操具有自娱性和观赏性，可以说健身性健美操既是一种健身运动，也是一种舞蹈。

健身性健美操能缓解学生一定的精神压力和学习压力，在繁忙的学习之余使身心得到调整，健身性健美操是当代人生活的需要。

2．合理性原则

健身性健美操运动的理论创新还要遵从合理性原则，任何不合理的创新都是无效的和不可取的。首先，健身性健美操的动作要符合人体的生理结构，动作之间的转换和搭配要合理，并且动作之间的变换要自然流畅；其次，健身性健美操创新的内容要符合人体的运动规律和运动的训练规律。

3．安全性和有效性原则

健身性健美操的主要目的是锻炼身体、增进健康，在练习健身性健美操的过程中出现任何运动损伤都违背了其运动的初衷。因此，在创新健身性健美操时首先要考虑“安全性”，其次要考虑“有效性”。创新的动作也许对身体某些部位的锻炼效果颇佳，但是相应的动作有一定的危险性或难度较大，如过度的背伸展运动对拉伸腹部肌肉非常有效，但也会对脊柱产生很大压力，有可能引起腰部的损伤。与此同时，也不能因考虑安全性的问题而因噎废食，如有些动作很安全，但没有锻炼价值。因此，要想达到良好的健身效果，就要在“安全”和“有效”之间找到一个平衡点。

4. 健身性原则

随着生活水平的日益提高，人们对健美形体和健康体质有了一定的追求。在新时代下，呵护身体健康并不是单一的，多方面、全方位的呵护是人类健康的重要保障。随着健美操得到越来越多人的喜爱，人们开始自发建立协会形式的组织，让大众不断加入健美操锻炼中，这在一定程度上促进了健美操在人们日常生活中的普及和发展。

健身性健美操是为了体现健身的特点而形成的，它将健身放在首位，同时健身也是这项运动的最终目的。健身性健美操是在节奏、韵律中的身体练习，是一项集身体运动和艺术表现于一体的体育运动。

健身性健美操不仅有健身的效果，还可以使较差的身体状态得到改善，从而使人们塑造一个比较优美的体态。除此之外，还能培养人们的修养和气质，使人感到朝气蓬勃、健康向上。另外，健美操运动还能在一定程度上塑造更加健美的体型。健身性健美操作为一项新兴的体育运动项目，不仅能锻炼身体，还能愉悦身心。因此，健身性健美操的创新还要以促进身体全面发展为前提来增强人们身体锻炼的效果。

5. 针对性原则

健身性健美操创新发展的针对性原则要求创新的内容要有特别针对的对象，它可以是针对诸如训练日程安排、训练方法等的创新，也可以是针对健美操动作的选择与编排的创新。除此之外，创新还不能脱离大学生的运动实际能力，要考虑学员的健康水平、身体能力与技能。练习健身性健美操是为了健身，也是为了使学生在运动中获得快乐。

健身性健美操在理论创新时，要考虑到方方面面，尤其是在队形变换和动作上。例如，在转身动作和跳跃动作上还有转身度数，这些动作在变化时一定要考虑大部分学生能否接受，并且要考虑这些动作的协调性和平衡感，还要考虑这些内容是能否使学生快速掌握健身性健美操的动作要领。

（二）理论创新发展的主要内容

1．健身性健美操审美观念的更新

我国的传统审美观念认为强壮的身体、伟岸的体型就是阳刚之美。然而，随着时代的发展和进步，人们对美的感受又有了更多的标准。人们越来越认识到不仅要有健康的身体，还要有美的愉悦。不同年龄段的群体追求不同种类的美，大学生追求的则是朝气蓬勃之美。

人的审美观念只有在不断发展和完善的过程中才能得到逐步提高，这是一个漫长的过程，不能急于求成。大多数人都只注重外貌的装饰，往往忽视了最重要的——“美的动力性”，动力才是美最好的展现。

2．健身性健美操动作创编的创新

健身性健美操在我国起步比较晚，与国外的水平差距较大，但可喜的是其发展速度十分可观，相信在人们的不懈努力下，健身性健美操这项运动会在我国朝着多样化发展，将来，我国的健身性健美操也会实现技术规范化、比赛制度化，甚至达到国际化水准，以健身性健美操独特的风格吸引更多的人参与其中。

健身性健美操有各种各样的动作，并且各具特色，这些动作的创造使人们能够更好地表现自我。健身性健美操的出现是为了能够更好地创作生活，它的特点就是创新，如果没有这一特点，这一项目也就失去了其生命力。

健身性健美操要想具有吸引力就要注重动作的编排，尤其是在高校中，健身性健美操的时尚性和创新性会直接影响高校学生对这项运动的参与程度，他们都希望从中得到更多的自信。现代健身性健美操动作创编的创新主要包括以下几个方面。

（1）健身性健美操同球类的结合。健身性健美操与球类运动结合是为了更好地将跳跃运用其中，因为球类运动大多数都包含跳跃运动，跳跃运动也是为了增强身体的灵活性和协调性。跳跃伸展动作，常用于健身性健美操的动作编排中，这个动作也为健身性健美操提供了很多创作空间，并且为体操增添了一种新的活动形式。

（2）健身性健美操同武术的结合。在健身性健美操中，经常会看到许多踢腿、甩腰、击掌的动作，这些动作主要来源于武术动作，健身性健美操和武术的结合形成了一种独特的风格武术健身操，这种新的形式可以体现出健身性健美操的新时代气息。

（3）健身性健美操同跳绳等的结合。跳绳运动是人们日常生活中最常见且最喜欢的一项运动项目，主要是因为跳绳的内容丰富多样，是一项具有趣味性的运动项目。

健身性健美操与跳绳的结合，也使健身性健美操与体育运动有了密切关联，贯彻了“从体育中来，到体育中去”的理念。人们在进行体育运动前，跳一会健身性健美操，能够使身体的各个关节都得到充分的活动，这也是为了在运动时避免不必要的运动损伤，并且能增强运动的兴奋性。

3．健身性健美操音乐的创新

音乐在健身性健美操中是必不可少的，音乐和健身性健美操两者相辅相成，互相支持，健美操表演的效果很大程度上与选配的音乐直接相关，同时，音乐的加入也使健美操拥有了更加生动的艺术表现力。音乐在健身性健美操中不仅能激发学生的学习的热情，还能体现出健身性健美操“健与美”的特点。

健身性健美操并不是起源于我国的一项体育项目，而是从国外引进的，所以健身性健美操的音乐大多是摇滚乐、爵士乐等，人们在刚开始接触健身性健美操时，听到音乐会有耳目一新的感觉，强烈的音乐节奏能振奋人心，也能增加健身性健美操的力度。随着健身性健美操在我国的发展，其在音乐上也有自己的创新，需要将带有我国民族风格的音乐与健身性健美操相结合，这样才能反映出我国的特色。但是在健身性健美操的音乐创新上，还要配合动作的编排，也要考虑大众是否能接受。在音乐的创新上要体现我国的精神面貌，充分展现具有我国民族特色的健身性健美操，音乐的创新还要紧跟时代发展的步伐，只有这样健身性健美操在我国才能得到充分发展。

4．健身性健美操力度的创新

健身性健美操的衡量标准主要是力度，力度能体现健身性健美操刚劲有力的特点。如果健身性健美操缺乏力度，或者对力度没有充分的体现，动作的展现就会毫无美感，如果力度不够，动作也会松懈无力。在健身性健美操中力度能体现运动的美。

在健身性健美操中一直强调力度，主要是因为力度能为健身性健美操带来美感，如果没有控制好力度的强弱，那么在健身性健美操中也不会有任何美感。

力度并不是加大运动负荷就能练成的，健美操权威者对其进行了分析，力度的训练需要全面提高自身的身体素质才能实现。

（三）理论创新发展意识的培养

培养健身性健美操的创新意识，是要在健美操训练或练习的过程中，将独特的学习方式和思维方式传授给学生。要想增强高校健身性健美操的创新意识，就需要相关教学主体做到以下几点。

1．提高健美操专业知识水平

健身性健美操活动的主要保障是运动员的专业水平，专业水平是运动员成绩高低的体现，也是运动员训练的成果。

创新活动不能盲目进行，要根据健身性健美操的特点和规律进行创新，并且要科学安排训练时间。如今的实际情况是，我国有许多教练员由于自己的专业水平不够，错失了许多创新时机，所以即使教练员有足够好的创新思维也无法实现创新。因此，我国教练员还需要不断提高自己的知识水平，努力完善自身的专业知识，只有这样才能让自己的创新成果在赛场得到大众的肯定。

2．准确理解和把握健美操运动比赛规则

健身性健美操运动虽然崇尚自由、阳光和活泼的运动气质，但并不代表这项运动没有规则约束。

比赛规则对健身性健美操的编排创新具有检验作用，所以，从事健美操教学的教练员或教师首先要吃透规则，及时把规则中的主要精神传达给运动员，早日实现运动员与新规则的“对接”，并在规则允许的范围内进行创新，以此来适应健身性健美操规则的变化和发展。

在比赛规则发展变化的同时，在健身性健美操动作和编排创新的过程中也遇到了各种各样的困难，同时这种创新活动又反过来促使规则不断丰富和完善。

比赛规则的不断更新将为现代健身性健美操的发展提供科学的依据和广阔的舞台，也鼓舞、激励着教练和学生大胆地开展创新活动。

3．提高文化艺术素养水平

在创新活动中，艺术修养是非常重要的，文化知识在健身性健美操中也是非常重要的，需要这两者共同发挥，才能有更好的艺术效果。

健身性健美操需要具有一定的艺术表现力才能将这项运动表现得淋漓尽致。健美操教练员创新意识的形成，需要其具有良好的艺术修养和深厚的文化底蕴，这是培养创新意识的前提条件。在此前提下，教练员不光要具备专业知识还要具备一定的训练基础理论，还要了解一些其他关于艺术的知识，如绘图、服装、雕塑等。这些艺术知识看似与健美操训练无关，但是能在这些艺术知识中取其精华，为健美操创新活动提供更多的知识素材。

艺术修养在创新活动中的地位不可动摇，文化知识的作用也同样重要，两者只有相辅相成才能相得益彰，使教练员和学生拥有非凡的创造力。

二、高校健身性健美操实践创新发展

高校健身性健美操的创新发展最终要落实到实践中。因此，需要对健身性健美操的实践创新发展给予极高的重视。为了更好地研究这一问题，首先就要了解健身性健美操实践创新的特征和主要创新方法。

（一）实践创新的基本特征

根据诸多健身性健美操创新发展的实践经验和研究内容，可以总结归纳出健身性健美操实践创新具有以下几项基本特征。

1．综合性特征

健身性健美操项目创新的基本特征就是综合性特征。近年来对体育运动的研究使越来越多的体育项目在广泛融合，包括不同项目之间的融合和器械与器械的融合等。新项目并不是简单的汇集，而是按照一定科学目的、规律分析、归纳、加工、整合与创新研究而成的。

一种新体育项目出现后，还要进行检验，让广大健身运动者去接受它。健身性健美操项目的创新不是一件短期内可以完成的事，创新前要对体育项目进行全面、准确的认识，要考虑到什么样的运动文化适应什么样的运动人群，还要从健身价值、运动娱乐价值等多个角度进行思考。

人们的运动意识在不受限制的条件下才能开启创新的大门，才能创造出更多有针对性、有特点的新体育项目。

2．多维性特征

健身性健美操创新的多维性特征是指健身性健美操项目创新的表现形式和方法是多种多样的，主要表现为以下几点。

（1）新动作、新环境的创新：如陆地上的健身性健美操改变环境变为时尚的水中健身性健美操。

（2）动作风格的创新：如备受人们喜爱的拉丁健身性健美操、搏击健身性健美操、爵士健身性健美操就是健身性健美操与其他运动项目的完美结合。

（3）器械创新：为使锻炼者的锻炼效果、兴趣得到提高，在以徒手动作为主的基础上，利用各种器械创编了许多器械健身性健美操项目，如动感单车、踏板操、健身球操、杠铃操等。

（二）实践创新的主要方法

1．类比创新法

类比创新法是指对已知对象与创新对象之间的异同关系进行排列、对比、类推、借鉴、创新的过程。例如，动感单车项目的诞生就是由一名极限马拉松车手受普通单车的运动模式的启发，通过研究、借鉴、模仿和扩展普通单车的作用，创造了与骑普通单车动作相同的将单车固定在地上的不动的、原地蹬骑的健身运动项目。健身者在动感单车运动中，对不同的速度和阻力进行练习，配上健身房内动感的音乐，可以倾情投入、挥汗如雨，不仅能达到健身的目的，还能起到缓解疲劳的作用，从而释放学习和工作等多方面的压力。

2. 缩放创新法

缩放创新法是指根据不同需要对已经存在的运动的扩大化或缩小化，使之成为新的健身功能项目。例如，健身街舞源于美国的街头舞蹈，在引入我国后仍以它的基本动作为表现形式，并以健身为主要目的，同时摒弃了它原味舞蹈中包含的颓废与叛逆思想，去掉了难度较大和比较危险的地面动作，提倡安全性、健身性和身体全面发展的均衡性。因此，当健身街舞作为一种健身方式被引入我国时，它迅速融入了国内已掀起的全民健身热潮。又如，哑铃踏板健身操就是在踏板健身操的基础上，根据健身者的能力水平加入哑铃，加大了运动的难度、强度，使健身者能在锻炼中获得自己想要的健身效果。

第七章 高校竞技健美操的教学训练与创新

第一节 竞技健美操训练的目的与任务

竞技健美操训练的根本目的与任务是通过教练员专门计划和指导，使运动员逐步提高竞技健美操专项素质、技术、技能、心理水平，使其竞技能力达到理想的状态，从而在各种赛事上取得优异成绩。

一、发展专项身体素质

竞技健美操的专项身体素质是建立在一般身体素质之上的，它只是在各项身体素质之上提出了更高的要求，由竞技健美操发展的要求所决定，在心肺功能（有氧及无氧代谢）、力量、柔韧、协调、平衡等方面提出了相当高的标准。

竞技健美操的专项素质主要包括有氧状态下和无氧状态下的代谢能力，肌体的力量与爆发力、各关节的柔韧性、身体的平衡与控制能力、肢体动作的协调能力及灵敏性、对空间位置和运动方向的敏感性、适应外界环境变化的能力。

专项身体素质是完成竞技健美操成套动作的基础，只有在扎实的高水平的专项身体素质的铺垫下，才能为高质量地完成动作提供基本条件。

竞技健美操的专项技术归根到底是对各种技术、技能的控制能力，这种能力方面是对专项技术的控制，而更重要的是运动员对自己身体的控制。

竞技健美操专项技术包括弹动技术、身体姿态、重心的转换、高空落地、转体技术、配合技术。

二、竞技健美操专项技术

竞技健美操专项技术是掌握和形成竞技健美操正确身体形态的有效途径与方法，它主要是根据健美操的基本原理，在长期实践中建立起来的，是形成竞技健美操项目外在特征与内在价值的基本保证。健美操虽然种类繁多，但其基本的规律与原则是一致的。因此，从普遍的意义上来讲，只要掌握了这些基本技术，就可以较好地掌握健美操。值得注意的是，健美操的技术是要靠认真反复的实践与总结才能掌握的。

三、培养和提高运动员的心理素质与智力水平

由于健美操项目特点所决定，健美操运动员的性格应该是外向并极具表现力的。他们能在复杂的情况之下，很好地控制自己，使自己完成的成套动作富有动感与朝气、健康、具有现代感的。

竞技健美操运动员的心理素质应该包括健康的人格、良好的道德、稳定的情绪、灵敏的感知能力及富有逻辑的思维与表达能力。

竞技健美操运动员的智力水平表现在成套动作的组织与编排、完成与表现、个人的素养与气质、对周围事物的适应力与处理能力。

上述这些心理素质与智力水平，不是运动员与生俱来的，必须通过教练员对运动员的日常训练、生活的指导与培养来提高，所以培养和提高运动员的心理素质与智力水平也是竞技健美操训练的重要任务之一。

四、在竞技健美操比赛中取得优异成绩

运动员的竞技水准是以运动员的竞技能力的高低进行衡量的。竞技健美操训练的重要任务之一就是在教练员科学训练的指导下，使运动员在最佳时间区域内有效提高专项技术水平，提高身体素质，从而提高竞技能力，在各项赛事中取得优异成绩。

第二节　竞技健美操训练的特点与原则

一、竞技健美操训练的特点

（一）训练内容专门性与多样性的对立统一

竞技健美操属于难美技能类项目，提高专项技术和技能是训练的重点，提高运动员的竞技能力是训练的最终目的，训练时必须进行专项技术和身体素质的训练。

竞技健美操是一项综合性的运动项目，它涉及体育与艺术两大领域，这就决定了训练内容的多样性。它是以体育为核心，同时带有强烈艺术性的体育运动项目，在训练过程中包括健身健美操、表演、音乐、舞蹈、健美等训练。这就体现了竞技健美操训练内容专门性和多样性的对立统一。

专项技术与身体素质的内容是依据竞技健美操竞赛规则中成套动作的设计与完成而制定的，竞技健美操的操化动作，专项素质与技术动作、难度动作是竞技健美操训练的核心内容。

竞技健美操源于健身健美操，保持了健身健美操的基本特性，弹动性与身体姿态的控制是衡量是否具有健美操项目特点的重要标志之一。不同于健身健美操，从观赏角度而言，竞技性健美操动作的幅度与力度，特别是对四肢动作线条的要求是相当高的。

竞技健美操是以人体动作作为表情达意的艺术，它以具体可视感的形象高度显示出人的灵巧、力量、智慧，显示出人对自然的征服和支配的创造能力，也表现了人的思想感情和精神风貌。在竞技健美操比赛中，他们内在精神气质和外在动作表现的统一，是表演艺术水平的体现，运动员通过面部表情，融合音乐更好地体现动作的艺术内涵和动作意境、感染观众，体现艺术表现美。因此，提高运动员表现力，要求运动员不仅仅对情感变换有着极强的表达能力，同时对周围的事物有着超常的感知能力与表达能力，这就需要有专门的表演训练内容。

音乐被称为竞技健美操的灵魂，音乐运用的完美与否直接影响着成套动作的整体效果。竞技健美操的音乐不同于一般性音乐，它具有自己特有的形式。音乐的主要作用是用来烘托成套动作的效果与气氛，音乐与动作是紧密结合的，动作既是对音乐情绪的一种表现，也是通过音乐的气氛对动作本身进行情绪上与力度上的烘托与渲染，任何一个动作的艺术性都存在于一种音乐情绪的表现之中。音乐作为竞技健美操的重要组成部分之一，了解必要的音乐知识，有利于运动员对音乐的理解与表达。

在动作连接上，竞技健美操要求更富有韵律感与流畅性，同时有相当多的动作是与舞蹈动作有着密切的联系，或者从舞蹈动作演变而来。舞蹈内容的训练作为培养运动员的良好姿态与肌肉控制能力辅助内容是必不可少的。

健美操运动员由于项目特点要求，他的体形应该是具有强健的肌肉、匀称的比例、优美的线条。同时，成套难度动作要求运动员的肌肉抗阻能力是超出常人的，因此，肌肉健美训练就显得十分重要了。

（二）高体能与技术环节的紧密结合

由竞技健美操快速发展和竞技健美操竞赛规则所决定，通常运动员要在大于 24 次 / 秒的音乐状态下完成成套动作，即使是静力性动作也需要动用大量的体能来支持动作的完成。有人对 20 名平均年龄为 21.5 岁的竞技健美操运动员在完成 1 分 45 秒左右的成套动作（采用 FG 规则）进行即时平均心率测定，数值 190±5 次 / 每分钟，接近运动员的最大心率值，有个别人甚至超出最大值。这就证明竞技健美操成套动作的强度是非常大的，需要运动员具有超出常人的速度、力量、能量代谢作为完成成套动作的坚实基础。因此，在训练过程中，运动员体能的训练是不容忽视的重点。

同时，要想准确地完成成套动作，除了需要体能基础外，在整套动作过程中竞技健美操动作自始至终应保持明确的节奏感，这种节奏主要体现在动作过程中，重心位置沿身体重心垂线上下移动起伏，贯穿全身的动作节奏与音乐节奏相结合，通过髋、膝、踝的自然弹动，将身体与地面的反作用力柔顺地以步伐形式表现出来。而且，无论动作怎样复杂多变，整个身体要求始终控制在标准姿态位置，即便在长时间的复杂多变的步伐组合过程中或动作中，整个身体的标准姿态不被破坏。这要求运动员掌握良好的竞技健美操专项技术。在竞技健美操训练中必须将体能训练和技能训练紧密结合才能达到训练目的，这也是竞技健美操训练的一大突出的特点。

二、竞技健美操训练的原则

（一）理解规则进行训练原则

《竞技健美操竞赛规则》是衡量与评价运动员在赛场上表现的唯一准则，是裁判执法的唯一准绳。只有很好地理解并遵循规则，才有可能在比赛中不出现偏差，从而接近自己所要达到的理想成绩。

规则规定对竞技健美操成套动作的艺术性、完成情况、难度三方面进行评分，这要求教练员完全了解规则，根据规则对艺术性的要求进行成套动作的创编，在规则规定的基础上进行创新，才能创编出既符合规则规定又独特新颖的成套动作。同时，这也要求运动员了解竞赛规则，根据规则选择自己擅长的难度动作，按照规则规定的完成扣分标准，力求完美完成每一个动作。只有这样，才会出现符合比赛规则的优秀成套动作。因此，我们必须在理解规则的基础上进行竞技健美操训练，遵循理解规则进行训练原则。

（二）一般性训练与专项训练结合的原则

《运动训练学》告诉我们一般训练是指在运动训练过程中，以多种身体练习，训练方法和手段，全面提高运动员各器官的机能，发展运动素质，改善身体形态和心理品质，掌握一些有利于提高专项的其他项目的运动技术与理论知识。

专项训练是指在运动训练的过程中，以专项运动本身的动作，以及与专项运动动作相似的练习，提高专项运动水平所需要的各器官系统的机能，发展专项运动素质，掌握专项运动的技术、战术、理论知识。

竞技健美操的一般性训练包括常规练习内容，如跑步、力量练习、柔韧练习、念动训练等。

专项训练包括：针对专项强度的专项耐力练习、针对操化动作的健身健美操练习针对难度动作的辅助速度、力量、控制练习；针对表现的激情、表演练习；针对比赛的模拟测验等。

一般性训练是为了给专项训练打好基础，高度发展的一般性训练水平，只有在竞技健美操专项技术和战术中充分体现和发挥，才具有真正的意义。竞技健美操训练中的一般性训练和专项训练各有自己的目的任务和相应的训练方法手段，他们既不能相互替代，也不能孤立进行，在训练中必须注意这两者的结合与合理安排。

（三）合理安排运动负荷原则

运动训练的合理运动负荷直接关系着运动员的竞技能力的提高。因此，在整个竞技健美操训练过程之中如何掌握运动量与运动强度，设计竞技健美操特有的训练内容，使运动员能够尽可能地提高训练强度就显得至关重要了。健身健美操是要在绝对有氧的前提下进行训练，而竞技健美操则处在无氧与混合供氧的状态下进行。另一方面竞技健美操技术环节多，因此，在承担高强度负荷的同时，更要求运动员对身体各部分的支配与控制能力。在条件允许的情况下，尽可能地形成系统的训练，并在整个训练周期当中建立不同的适应期——上升期——缓冲期——冲刺期——调整期，形成有规律的运动强度曲线，这是提高运动员专项耐力与承受负荷的最佳手段。

三、系统性训练原则

竞技健美操所包含的技术内容特别是难度动作对人的各方面的要求日益提高，这就要求训练要有计划、有规律地进行，必须在完整的训练体系下进行，才能保证在竞赛中取得理想的成绩。其中训练的周期、周期中的任务与目的、周期中的不同内容的安排、合理地安排运动负荷，以及不间断训练等原则是保证系统训练的基础。

周期是根据运动员的培养目标而建立的，要使运动员按计划逐步提高竞技水平，首先要建立不同的大型训练周期。我们也可称之为发展期。在不同的发展期（大周期）中存在着若干个相关周期。

最初的发展期称为入门期，训练当中要有目的地安排培养运动员良好体能、基本姿态、基本技术、稳定的心理状态、坚定的信念等相关内容。可以参加小规模的比赛或者在大赛中设立不同的目标。在发展期中动作的规范与完成质量是第一位的。这就需要教练员不仅仅是在一旁语言指导，而且要不断示范、讲解，严格要求要以鼓励为主，建立运动员自信心，同时提出希望纠正他们的错误习惯与动作，特别是建立吃苦耐劳与团队精神。在训练上要注意健美操规范性（弹动、姿态）与健美操规律、特性（动作连接与控制）的建立，打好坚实的体能基础（专项耐力与力量）。在这一时期，教练员应尽可能多地让运动员进行观摩，并有意识地讲解，提高运动员的认识能力。

适应期除了进一步安排体能、技术、心理的训练内容外，还应该增加表现、动作变化规律、难度动作的发展等相关内容。尽量为运动员安排一般性比赛和表演活动。教练员除了示范、讲解，还应该适当地给运动员自由发挥的空间，注意运动员的个体差异，扬长抑短，逐渐形成运动员的个性与风格。在操化训练上注意强调动作的变化与不对称性，在完成普遍采用的难度动作同时，有意识地发展难度动作，并指明难度发展的一般性规律。在表现方面，除了进一步加强运动员的自信心外，还应该阐述动作表现与表情表现的一般性规律。教练员还应培养运动员的互帮互学的习惯，注意培养他们的观察力，经常性地对动作、套路、比赛进行分析，从而培养运动员的逻辑思维能力。

成熟期主要任务是，发展超强的健美操竞技体能，新颖的难度动作，正确无误的动作完成能力，强烈的吸引力与表现力，鲜明独特的成套风格，成熟健康的心理承受能力。这一时期创新意识是至关重要的。教练员在这一时期应该与运动员进行频繁的思想交流，使他们建立比较广泛兴趣，坚定的信念。在平时的体能训练中有目的地合理安排超强度的体能训练内容，除了健美操组合动作之外，有目的地安排其他项目的内容，如舞蹈、技巧等。要有意识地发挥运动员自身的创造能力，教练员把握方向由运动员参与一般性的训练、难度动作的发展与创编、成套动作的编排、社会活动等。

在上述这些发展期中，每个发展期之中应该存在着若干个周期，这些周期应该和整个发展期有着紧密的联系。而这些周期又是有秩序地循序渐进相连的。在制定各个周期的任务时要有目的地安排运动员力所能及的目标，并在目标明确的前提下安排训练内容与运动量。

练习者双腿分开坐于地面，身体后躺向左旋转 180°，右腿贴于地面摆动超过左腿至双腿开度在 180° 的位置后，双腿继续摆动左腿至头上、身体腾空转体 180°，左脚踩地，右腿加速摆动至架于右臂上方，成文森俯卧撑姿态。

第三节　高校竞技健美操基本动作训练方法

一、身体姿态训练

头、手、臂、躯干、下肢等身体各个部位所处的位置符合标准姿态就是竞技健美操的基本姿态，是高质量完成竞技健美操专项动作的基本要求。高校学生要掌握标准的基本姿态，要经过长期的训练。因为在竞技健美操比赛中，优美的标准的身体姿态可以给裁判员美好的印象，直接影响着比赛成绩，所以要重视基本姿态的训练。规则要求躯干、后背、骨盆稳定、腹肌收缩。所有动作要表现正确的身体姿态，没有关节的过分伸展。

（一）基本姿态

1. 站立

站立是最基本、最重要的身体姿态，也是竞技健美操操化动作训练中最基础的内容。没有正确的站立姿态就没有动作的优美可言。站立姿态训练可以矫正练习者不良的身体形态，使其站立的姿态更加挺拔优美，并能在完成动作时保持良好的身体姿态认识。在站立姿态练习中，用直观教法，使学生对正确的站立姿态有清晰的动作表象认识，每次训练课安排 10 ～ 15 分钟的时间进行针对性的训练，训练中教师对发现的问题和错误的动作及时纠正。

颈部：自然挺直，微收下颌，眼直视前方，头部正直。训练中可放一本书在头上，保持平衡，在保持平衡的基础上练习移动。

肩部：肩部放松下沉，展肩。将双肩垂直向上耸起，再用力向下沉肩，重复练习，直到双肩有酸痛感。练习结束后充分放松。

臀部：双脚并拢站立，躯干保持直立，脚掌用力下压，臀部和大腿肌肉用力收紧，略微向上提髋，反复进行练习。

腹部：在收紧臀部的同时，腹部用力收紧，并用力向上提气，使身体提高，保持一会，然后放松，反复进行练习。

正确的站立姿势为两腿伸直，双脚呈“T”字站立，使头颈、躯干、腿部保持在一条垂直线上。此外，还要保证头正、脖正、挺胸、立腰、收腹、夹臀两肩放松下沉，两臂自然下垂，目视前方。可以用背靠墙进行站立姿态练习，提高后脱离墙的支撑体会站立时肌肉的细微感觉，反复进行练习。

不良的站立姿势有：含胸、拱背、斜肩、挺腹、低头、弯腰、目光不正等。

2. 头位

头是人体中最引人注意、最富有表现力的部分，头部动作往往带有较强的感情色彩，同一个动作选配不同的头部造型就会产生迥然不同的效果。头部动作在竞技健美操动作中起着画龙点睛、增强造型艺术性的作用。正确的头位姿态会使竞技健美操的动作更加优美、生动，同时头位姿态也会决定身体各部位动作是否协调统一。训练中应把头位姿态同身体各部位的训练结合到一起，同时配合眼神和面部表情达到神态美和形态美的统一，使动作更富有表现力。

低头：双手叉腰，立正站好，挺胸，下颌贴住锁骨处，颈部伸长，还原，速度先慢后快，注意体会低头时肌肉的控制感觉。

抬头：双手叉腰，立正站好，头颈后屈，然后还原，先快后慢，体会抬头时肌肉的控制感觉。

左、右转头：双手叉腰，立正站好，头向左或向右转动，下颌对准左肩或右肩，还原。先慢后快，体会左、后转头是肌肉的控制感觉。

左、右侧屈：双手叉腰，立正站好，头向左侧屈或向右侧屈（左耳向左肩的方向，右耳向右肩的方向），还原。

正确的头位姿态为双手叉腰，立正站好，头部下颌处与头部所朝方向下部的身体躯干对准，头部转动时，颈部肌肉绷紧，速度先慢后快。

（二）手臂姿态

手臂姿态分为手形和手臂两种，其中手形的变化为手臂姿态增添了更多的灵气和活力，有利于健美操内在情感的表达；而手臂的摆动和舒展也为整个动作的表达增加了鲜活的生命力，是健美操姿态中必不可少的一种。训练中，可借助把杆练习，练习时强调手臂动作的力度、幅度和控制能力，让学生体会正确的上臂肌肉感觉，动作发力方法和发力顺序。

并掌：五指伸直并互相并拢。拇指指关节内扣，四指并拢伸直。

开掌：五指用力分开并伸直。

花掌：五指用力分开，小指内旋，拇指稍内收，形成扇面状。

立掌：五指自然弯屈张开，手掌用力上翘。

握拳：大拇指在外，拇指第一关节扣住中指的第二关节处。

手臂举：以肩关节为轴，臂伸直向某方向抬起。臂的活动范围不超过 180°并停止在某部位。

屈、伸：上臂固定，以肘关节为轴，肘关节由弯屈到伸直或由伸直到弯屈的动作。

摆动：两手握拳，屈肘前后摆动绕、绕环；两臂或单臂以肩为轴做弧线运动；上臂固定，前臂以肘关节为轴做弧线运动。

（三）躯干（重复）

躯干是健美操动作中最富有表现力的部位。在健美操运动中躯干主要起连接、保护和固定作用。躯干主要通过胸、腰、肩的训练来达到完美姿态。竞技健美操要求身体挺拔，在做动作时腰腹紧收，背部、臀部夹紧内收。

1．胸部

含胸：收肩（合肩）低头。

挺胸：展肩（开肩）抬头。

扩胸：两臂向后运动。

左右移胸：两臂侧举，胸部左右水平移动。

2．腰腹

屈腰：髋部不动，上体前屈或后屈。

屈髋：上肢不动，髋髋向前或侧屈。

转腰：下肢不动，上体沿垂直轴扭转。

腰绕环：以髋为轴，上体前俯，向左、向后、向右翻转绕动，换方向做。

3．肩部

提肩：肩胛骨做向上的运动。

沉肩：肩胛骨做向下的运动。

绕肩：以肩关节为轴做大于 180° 但小于 360° 的弧形动作。

肩绕环：以肩关节为轴做 360° 或 360° 以上的圆形动作。

4．背部

外展：屈臂或直臂做外展动作，通常与臂的内收配合进行。

上举下拉：两臂由侧上举下拉至髋侧。

躯干姿态训练要集中于腹肌的力量训练和胸部的柔韧性训练，注意提高动作的控制力。躯干的稳定性训练可采用负重仰卧起坐，注意负荷重量和起坐的适宜速度；也可采用健身球俯卧撑，训练时注意躯干的稳定性和俯卧撑的适宜速度。躯干灵活性训练，首先做左右依次提肩、同时提双肩、左右依次前后绕肩等肩关节动作；接着做胸部的含胸、挺胸、移胸等动作；再做髋关节的前、后、左、右顶髋等动作；最后把肩、胸、髋的动作结合起来做，增强躯干的灵活性。在这个基础上练习前波浪，侧波浪，进一步增强躯干的灵活性。

（四）下肢

1．脚

在竞技健美操运动中，脚的姿态对下肢动作的完成和优美程度具有非常关键的作用，也决定着弹跳类和平衡类动作的质量等。

正步：两脚并拢。

八字步：两脚后跟并拢，脚尖分开成 60°。

丁字步：一脚跟位于另一脚内侧，呈丁字形。

大八字步：在八字步的基础上，两脚开立，与肩同宽。

弓步：一腿直一腿屈，重心在两腿之间。

下肢姿态应腿内收、开胯、直膝、绷脚尖。下肢姿态的训练，可借助把杆练习，发展腿部肌肉的力量、速度和下肢关节的灵活性。在训练中，要结合竞技健美操的特点，发展肌肉的爆发力，动作的控制力和表现力等。

二、动作方位训练

（一）动作方位的概念

动作方位是指完成健美操动作时，运动员的身体相对于空间的方向和位置。动作方位对于健美操运动而言是十分重要的，因为它关系着每一个动作的准确性和表达。竞技健美操对动作方位的控制不仅表现在使肢体准确地到达某一预定位置，还表现在整个动作过程路线的清晰表达，因此，加强对动作方位的训练有利于帮助竞技健美操运动员更好地掌握自身对空间位置的感知，形成准确的方位控制能力。

（二）动作方位训练的方法

1．镜面方位校对性训练

镜面方位校对训练就是面对镜子，学生先做出各种动作，然后教师或学生自己对动作进行纠正。通过镜面方位校对训练，学生可以逐步建立正确的方向感，增强动作的准确性。除此之外，学生还可以及时找出自己的错误并改正，对正确动作的方位有更清晰的认识。

2. 定位训练

定位训练是指学生在训练的过程中，先将每一个动作的标准位置进行标记，随后再将自己的肢体与标记的位置重合，保证自己的每一个动作都达到规定位置的标准。定位训练是高校竞技健美操基本动作训练中最常用的方法，学生在训练初期可以先放慢动作的节奏进行练习，等到适应这种练习模式且能使肢体习惯性地到达定位点后，再进入正常甚至更快的节奏进行练习。

三、动作幅度训练

（一）动作幅度的概念

动作幅度是指在进行健美操运动的过程中，运动员的动作所构成的空间位置，通过动作由开始到结束时，动作路线的长短来表达。当运动路线变长时，动作的幅度相应增大；当运动路线缩短时，动作的幅度相应减小。此外，运动的幅度还与运动员关节、韧带和肌肉的灵活性有较大的关系。在竞技健美操中，对运动幅度有非常高的规范标准，因为某些难度动作的完成需要运动较大的动作幅度，并且体现着竞技健美操的艺术性，所以，对运动员动作幅度的提高训练是竞技健身操教学的必备内容之一，也是有效增大运动员运动幅度的重要途径。

（二）运动幅度训练的方法

1. 柔韧性训练

运动幅度与运动员的柔韧性有很大的关联，如果运动员有较好的柔韧性，那么就可以轻而易举地达到动作需要的幅度要求，因此，我们可以通过进行一定的柔韧性训练来增大运动幅度。柔韧性训练主要以提高肩关节、髋关节的柔韧性为主，其中发展肩关节的训练方法为双手握肋木直臂压肩、双手下后握肋木向前探肩、双手上后握肋木向前探肩，也可以采用垫上压肩练习。发展髋关节的柔韧性的训练方法主要是体后屈，也可以借助较短的橡皮筋的向心力进行体后屈的练习，仰卧垫上做挺髋练习也可以有效提高髋关节的柔韧性，训练中也可以采用被动拉伸进行练习。

2. 不同幅度的动作组合训练

不同幅度的动作组合训练的主要目的是让学生树立一种动作幅度的意识，这种意识的形成对于运动幅度的增大有深刻的影响。在训练的过程中，学生会将一个动作进行多次的重复性训练，在重复动作的过程中强调让学生深刻地感受大幅度运动的知觉并形成肌肉记忆，以达到增大运动幅度的目的。

四、动作速度训练

（一）动作速度的概念

动作速度是指在一定时间内完成动作的能力，属于速度素质的一种。动作速度包括肢体的摆动速度、踢腿速度、击打速度以及在单位时间内动作重复次数的多少等，是竞技健身操基本动作中不可或缺的要素之一。

（二）动作速度的意义

在竞技健美操中强调动作速度训练，是增强学生快速发力的动作感、提高成套运动强度的主要环节。在竞技健美操中，动作速度主要表现为动作完成的快慢和动作发力的快慢。动作速度是在完成动作的过程中得以体现的，而动作力度不仅体现在过程中也体现在完成动作的瞬间制动上。

（三）动作速度训练的方法

1. 外界助力训练

在进行基本的高校竞技健美操动作训练的过程中，教师可以利用外界助力提高学生完成某一动作的速度，然后让学生体会快速运动的动作感觉。教师在进行助力训练时应该掌握好提供助力的时机和用力的大小，同时，还要让学生体会在助力作用下，动作完成的时间和用力的大小，以便更好地帮助他们独立达到动作速度的要求。

2. 变奏训练

变奏训练是指通过改变音乐节奏，让学生同步进行动作练习并体会快节奏完成动作与慢节奏完成动作的训练方法。在训练中，学生在较快节奏下动作容易变形，或者动作表现力降低。因此，健美操教师应该在训练中及时提醒学生注意完成动作的质量。变奏训练的另一层意思是音乐速度没有变化，改变动作的练习速度，或将高速度动作练习与变换速度练习的动作结合起来，这种训练的目的就是力争避免动作停留在同一稳定的速度水平上。

3. 高频重复性训练

高频重复性训练是指学生在规定的时间内高速重复具体动作的训练。如果说高速度训练是提高学生速度素质的一般训练，那么高频重复性训练则是针对提高具体动作的速度训练。在竞技健美操比赛中，经常会看到一些学生有个别动作总是速度过慢，进行高频重复性训练则是解决此类问题的最好方法。高频重复性训练要求教师规定具体动作训练时间，要求学生以重复速率的提高为标准提高具体动作的运动速度。重复性训练并不是对质量没有严格要求，而是强调每次重复都应该使学生在原有的基础上通过对动作技术和对运动路线的熟悉，达到高质量自动化完成的效果。

五、动作力度训练

（一）动作力度的概念

动作力度是指完成动作时用力的紧张程度，从微观的角度来讲就是肌肉收缩与放松的交替程度。影响动作力度的因素有很多，如学生的身体素质、体型、技术技巧等，在每个人身上的体现是不一样的。此外，也没有直接对动作力度进行标准化测量的方法，只有通过力度在动作上的加速与制动才能体现出来。

（二）动作力度的意义

动作力度的表现可以通过动作的“柔”与“健”来表达，例如，“柔”反映的是动作的舒展和协调，“健”反映的是动作的刚劲和收缩。如果没有把握好动作的力度，在该用力的时候不用力，在不该用力的时候反而用力，就会极大地影响健美操的观赏性，使整套动作不能表达出其设计的理念和思想，在竞技健美操中还会影响比赛的成绩。

（三）动作力度训练的方法

1. 语言刺激训练法

在高校竞技健美操的动作训练中，每个动作的力度是体现健美操特征的重要方面。语言刺激训练就是运用语言的刺激给予强化，如在做动作的过程中，通过肌肉的“用力”“控制力”“对抗”“力度”等语言的形式对每个动作进行强化，给高校学生以“刺激”，达到神经系统和肌肉运动系统协调一致的效果。

2. 协助训练法

协助训练是最直接的指导训练，适用于运动初期动作感知能力的建立。在高校中，这种方法主要是通过教师对学生即将完成的竞技健美操动作进行控制和调整，纠正其动作的用力大小、速度、方向并增强其对动作制动时机掌握的准确性。

3. 对抗训练法

这是一种可由单人或多人进行的一种对抗阻力的训练方法。在高校竞技健美操训练中，经常采用两人一组的练习方式进行“用力与对抗”的练习，如一名学生在做两臂前举练习时，另一名学生使其两臂前举受阻或减慢其前举的运动速度，使参与练习的学生感受两臂前举时肌肉的对抗感觉。

4. 负重训练法

负担适宜重量的哑铃在规定的时间内完成一定次数的屈、伸、摆、绕环等动作，类推到其他动作练习上，可以提高肌肉运动感觉。例如，通过负重连续做各种举、屈、伸等动作，既可以提高学生的力量素质，又可以有效地增强学生完成动作的力度。

第四节　高校竞技健美操难度动作训练方法

一、竞技健美操难度动作技术

（一）平衡的控制

在竞技健美操中，对平衡的控制是完成动作最基本的要求，保持身体上的平衡还可以避免在运动的过程中受伤。根据生物动力学我们可以知道，人在运动过程中，重心会不断变化和迁移。因此，要想保证身体的重心平稳，就要加强对平衡的控制练习。

1. 加大支撑面积

利用四肢来加大支撑面积，如双腿要比单腿稳定；分腿要比并腿稳定；双臂与双腿同时宽距离支撑，支撑面积越大越稳定。

2. 降低重心

在运动中，重心越低稳定性越强。因此，从重心上来说，相较于腾空，直立更稳定；相较于直立，半蹲更稳定。

3. 重心偏离的稳定

在人体运动中，重心不可能是永远平稳的，会随着运动方向的变化而变化（包括人体本身的发力与外力），而人体在生理机能上有平衡补偿的功能。因此，在运动中重心偏离时，我们可以利用人体本身的“配重”进行调节，当重心偏离一方时，通过肢体的伸展与收缩来进行调节，使身体两侧的比重发生变化，从而改变重心位置，使其达到平衡。

（二）身体轴面的控制

在竞技健美操中，身体轴面的控制是指运动员在做跳跃类转体动作和柔韧与变化类立转动作时，身体绕纵轴进行转动的运动，在转动过程中，头部、肩关节、髋关节同时转动一定角度，始终保持对身体的控制。做转动动作时，一般用单脚或双脚支撑，绕垂直轴进行旋转，旋转的度数越多，动作的难度就越大，对身体轴面的控制技术要求就越高。转体时基本的要求是：收腹立腰，两腿夹紧，利用摆臂带动身体转动，头部随之迅速转动，目视前方，在动作过程中要始终保持转动轴与地面垂直，转体度数要准确。

（三）身体腾空前发力的控制

在跳跃类动作中，难度动作主要集中在身体腾空前发力的控制，这一过程分为两个阶段：着地缓冲和蹬伸。在着地缓冲阶段中，髋、膝关节微屈，足踝关节背屈，同时臀大肌、股四头肌、小腿三头肌和胫骨前肌等完成退让性工作。在蹬伸阶段中，髋、膝关节伸，足踝关节足屈，同时臀大肌、股四头肌、小腿三头肌、胫骨后肌和拇长屈肌等完成向心收缩工作。

（四）空中身体姿态的控制

难度动作在空中姿态的控制与肌肉的紧绷程度有密切联系。在空中，由于重心的失衡，要想保持一个动作不变是非常困难的，因此，在完成空中动作时要时刻让肌肉处于紧张的状态，不能有一刻的放松。空中最常见的身体姿态控制动作有以下两种。

（1）站立：躯干与头、颈、腿等保持在一条垂直线上，双腿并拢伸直。

（2）蹲：躯干与头、颈、腿等保持在一条垂直线上，臀部收紧，保持整个身体垂直于地面并屈膝。

竞技健美操的动作千变万化，但每个动作都应该有具体的要求，从总体上来说，应该伸直时尽可能伸直，应该弯屈时要有明确的角度，而四肢的位置是相对躯干的位置而建立的。

（五）以各种形式缓冲落地的控制

除了以上几种难度动作的控制外，以各种形式缓冲落地的控制也是竞技健美操中比较重要的动作技术。进行缓冲落地的目的是防止身体出现失衡，减少地面对人体肌肉和关节的冲击。

在落地时，从脚跟过渡到全脚掌或由前脚掌过渡到全脚掌，然后迅速屈膝、屈髋缓冲。需要注意的是，所有动作要在瞬间依次完成，以分解地面对关节和肌肉的冲击力。同时，躯干与手臂保持良好的姿态，肌肉用力控制以保持动作的正确与稳定。在完成一些高难度动作时，不仅要克服落地时的垂直速度，向前、向后的水平速度，还要克服身体转动造成的转动速度，落地时的缓冲水平、垂直速度，这样可以增强落地的稳定性。当落地稍有前倾或后仰时，运动员可以通过手臂的摆动来维持平衡。

二、竞技健美操不同组别难度动作

（一）俯卧撑、倒地、旋腿与分切

1．俯卧撑类

加强上肢和腰腹躯干的力量训练，如做标准的俯卧撑 30 个接着保持俯卧撑姿势 1 分钟，然后了解俯卧撑类难度动作的技术要领，根据不同的动作要领进行学习和训练。训练一般要由易到难。例如，训练单臂夹肘俯卧撑，要使运动员了解整个身体由单臂和双脚支撑，双脚之间距离不大于肩宽，支撑臂的肘关节对准脚尖方向，可先做标准俯卧撑，再用一臂协助完成单臂三点俯卧撑和单臂夹肘俯卧撑，最后不用协助臂完成单臂夹肘俯卧撑。

2．倒地类

首先，训练落地的控制与缓冲，双腿屈膝跪立在地面上，上体直立前倒，屈肘，五指着地过渡到手掌缓冲落地；其次，练习双脚并拢直立前倒，同样体会落地时手臂的控制与缓冲；最后，练习加转体成俯撑的落地动作，在腾空时，手脚必须同时落地。

3．旋腿与分切类

做髋部挺身的练习时，要抬头挺胸，掌根撑于地面，髋部挺伸，脚跟触地；然后做用爆发力摆腿的练习，协调发力完成动作；最后完成完整的旋腿与分切动作。

（二）支撑与水平

加强上肢和腰腹、髋、腰肌力量的训练。臀部着地，双腿并拢举起，胸部尽力往膝关节处靠拢，在极限位置保持不动，然后做简单的分腿支撑和直角支撑练习。如果运动员达不到这样的水平，可用脚尖着地先撑起臀部，然后再练习支撑转体的动作。支撑转体的训练方法是先练习分腿或直角支撑左右手倒重心，再由脚尖摆动带领腿转动，然后左右手倒重心完成支撑转体，并在此基础上练习新的难度动作。

（三）跳与跃

先在地面上进行空中姿态的练习，再进行起跳训练，增强踝关节的爆发力，做原地纵跳练习；然后收紧全身肌肉，立直脊柱，进行空中转体训练或接各种跃起后的空中动作训练；再进行从并步起跳接空中动作到落地的完整练习；最后做空中动作成俯撑的练习。此类难度动作多采用分阶段练习，当练习成功率较高时，再进行下一阶段的训练，以免受伤。

（四）平衡与柔韧

首先锻炼身体各关节的柔韧性，然后根据不同动作的要领进行训练。例如，依柳辛的训练方法是先做后踢腿练习，然后做垂直劈腿练习，要求髋关节展开，膝盖伸直，脚尖带领腿往后上方摆动，然后支撑腿脚尖提踵，摆动腿摆动带动身体转动，上体尽量靠近支撑腿膝盖，完成依柳辛动作。

竞技健美操难度动作的完成要依靠良好的身体素质，因此我们在进行难度动作训练时，首先应注重运动员身体素质的训练，同时，也必须掌握每组难度动作的要求和每个难度动作的技术要领，科学地进行训练。

第五节　高校竞技健美操的创新

一、竞技健美操创新的必要性

（一）创新是竞技健美操运动的生命力和魅力之源

"竞技健美操是在音乐伴奏下，完成连续复杂和高强度动作的运动。成套动作必须展示连续的动作组合、柔韧性、力量与七种基本步伐的使用并结合难度动作高质量地完成。"根据《项群训练理论》对竞技体育的分类，竞技健美操属于"技能主导类表现难美项群"。它和竞技体操、艺术体操、花样滑冰、花样游泳、跳水等一样，竞赛中根据运动员所完成动作的难度、新颖、稳定、优美等因素判定其技能水平的高低。在难度一定时，创新使竞技健美操更加具有生命力，焕发无限生机与活力。竞技健美操的创新也始终让人饱含期待之情，不断期待新的花样和新的视觉冲击，因此，创新是竞技健美操无限魅力的来源。

（二）创新是促进竞技健美操持续发展的核心

知识经济的到来必将推动现代科学技术成果在竞技健美操训练、科研、管理等领域的迅速应用，促进竞技健美操技术的飞速发展。基于信息网络化，有关竞技健美操的训练和创新动作很快可以通过网络迅速传开，被其他国家所采用。为了使竞技健美操更好地发展，国际健美操评分规则仍然会围绕创新和发展不断地变化和完善。这些都会促进竞技健美操的不断创新。因此，深入系统地研究竞技健美操的创新显得十分必要。

"创新是竞技健美操的生命"，这不仅是对各国竞技健美操发展的精辟总结，也是各国竞技健美操发展的制胜规律之一，是选择对竞技健美操创新进行研究的重要依据。因此，要更好地发展和壮大我国的竞技健美操，不断创新和全方位创新研究将是每一位健美操工作者面临的中心问题，只有把握住了这个中心，才能给训练和竞赛带来活力，才能解决创新过程中遇到的一系列问题。

二、高校竞技健美操实践创新

（一）竞技健美操“过渡—连接”创新

在竞技健美操成套动作中，过渡动作是指从一个造型、状态、风格位置转换到另一个形式的动作，用以连接成套动作中两个不同主题或段落，动作空间允许改变。连接动作是指连接两个不同动作的动作，该动作本身没有空间变化。通俗来讲，就是将不满一个八拍的操化动作称为过渡连接动作，将不在同一个平面完成的不满八拍的动作称为过渡，在同一个平面完成的不满一个八拍的动作叫作连接。成套动作过渡、连接技术合理与巧妙、创造性地编排意味着新思想、新形式、新含义、新元素、新改进或想象力，促进难度动作的完成，避免重复和单调。过渡与连接创新是为了空间的更完美转换，是为了便于难度动作更好地展现与完成，是为了使同伴之间的托举与配合更加顺畅、新颖、安全。

1．必要性

首先，从竞技健美操的过渡—连接动作的功能论角度出发，合理、巧妙的过渡—连接动作有利于消除动作变换间的跳跃性，有利于配合完成难度动作、造型的优化，同时能提高该难度动作的难度价值，起着事半功倍的效果。其次，过渡—连接动作是成套动作空间转换的重要途径。从过渡—连接的艺术价值来讲，过渡—连接动作将纷繁复杂的动作自然、巧妙地连接起来可显示其独特的艺术性，同时其本身的复杂多变也具有艺术性。通过不断的变化，能很好地表现成套动作的艺术风格，达到锦上添花的效果。

最后，多变的动作也会给裁判和观众带来不同的感觉。

2．创新方法

过渡与连接动作是在成套动作中连接操化—操化、操化—难度、操化—托举造型等动作之间以及空间转换之间的健美操特色动作，从而充分体现成套动作的多样性。过渡与连接动作将各种类型的动作自然、巧妙地连接，且过渡与连接动作自身的设计也极具艺术性。随着竞技健美操的不断发展，过渡与连接动作趋于多样性和复杂性。成套动作中最常见的过渡—连接创新方式有以下四种。

（1）不满一个八拍的纯操化过渡动作，这一类型在过渡连接中比较常用。

（2）采用人们常见的双手撑地翻身下、俯卧撑转体弓步起或者翻滚至某一造型或者跪跳起的一类实现空间转换的过渡动作。

（3）运用一些非难度跳和小跳动作，是教练员根据运动员的优缺点则设计的，如西班牙选手伊万的“抓脚跳”。

（4）对与竞技健美操发展一致的其他体育项目动作的吸收与利用，如体操、武术、冰上舞蹈、街舞、拉丁舞、艺术体操等项目的动作。

（二）竞技健美操“托举与配合”创新

托举是指当一名或多名运动员被举、抱、支撑或借助外力离开地面的动作。配合是运动员之间的相互合作。成套动作中必须有两次托举和动力性配合，且两次托举必须是原创和不同的。因此，要求我们必须努力创新。

1. 必要性

首先，竞技健美操中的托举与配合是制约我国竞技健美操优势项目发展的瓶颈。在近几届的世界锦标赛和世界杯比赛中，我国健美操的各个项目都有了实质性的突破，但通过观察能够明显看出，在混双和三人项目等项目中，我们的托举与配合的创新性低于竞争对手，致使表现逊色，艺术分偏低。

其次，托举与配合创新是新规则中艺术评判的重要内容。托举与配合动作的评判在新规则中占 2 分，是以前规则中没有出现过的，而出其不意、别具匠心的托举与配合是我们不断追求的目标，空间变化的层次幅度与稳定性能给人带来独特的视觉冲击，这一亮点在一定程度上将引导未来的发展趋势。最后，托举与配合动作是体现运动员相互关系的桥梁，是混双、三人和五人项目的特色组成部分。

因此，托举与配合的创新是我们应该向其他国家和地区学习的重要内容，也是我们应努力创新的方面。

2. 创新方法

“托举”，顾名思义，需要“托”与“举”的相互配合，所以底座与尖子是托举与配合的两个重要组成部分。底座即将另一名运动员托起来的运动员，尖子则为被同伴托起来的队员。因此托举与配合的创新主要是底座与尖子的配合创新，分为以下七种形式。

（1）底座、尖子姿态在每一个托举中都不同，如底座可站、跪、坐、躺、前撑等，尖子可屈体分腿支撑、水平支撑、捶地劈腿、纵劈腿以及横劈腿等。

（2）托举时底座姿态改变，尖子姿态不变，反之亦然。

（3）每次托举时底座人数改变，可以采用“倒金字塔”和“金字塔”型。

（4）展示尖子被托起的水平高度与底座肩轴的不同关系，可以是肩部以下，也可以是肩部以上。

（5）展示运动员的力量、柔韧和平衡能力。

（6）尖子的身体形态、空间转换呈现多种变化，使尖子在高、中、低三个空间进行转换。

（7）变换托举的类型，可以是静力型的，也可以是动力型的。

第八章　健美操竞赛组织与裁判法

第一节　健美操竞赛概述

一、健美操竞赛的意义

20 世纪 80 年代，现代健美操自传入我国以来，由于它自身的特点和优点，得到了众多人群的喜爱。因此，开展健美操比赛对于促进新兴项目的发展有着重要的意义。

（一）扩大社会宣传面，推动健美操运动的发展

通过比赛的组织和进行，可以对健美操运动的开展起宣传与推动的作用。比赛中，观众可以通过各种媒介手段来感受健美操这一项目的特点，使观众了解健美操，学到有关健美操运动的知识，感受到从事健美操运动会使身体健康、充满活力，从而促使人们加入健美操运动中来。

（二）增进社会交流，促进健美操运动技术水平的提高

健美操竞赛活动的开展对带动一个城市、地区的体育运动有一定的促进作用，这对于促进全民健身、增进社会交流有一定的贡献。而举办各种类型的健美操比赛，不仅能够给不同的地区、不同级别的健美操爱好者提供相互观摩、学习、交流的机会，也能够给各参赛队运动员、教练员提供相互交流的平台，提供相互观摩学习、交流切磋技艺的宝贵机会，对于增进友谊和团结、开拓思维、促进技术水平的提高有着重要的意义。

（三）检查教学与训练效果，加大健美操运动开展的力度

健美操竞赛活动不仅为教练员、运动员提供了检验教学和训练结果的机会，而且提供了肯定成绩、明确努力方向的机会。有助于激发练习者和爱好者训练的积极性和目标性，有助于改进教学与训练方法，以加大健美操运动开展的力度。

（四）增进健美操运动发展方向理论的研究

裁判员通过学习规则、比赛评分，提高业务水平，获得实践经验，成为推动健美操运动开展的骨干力量，并对健美操项目的发展起导向作用。

教练员、运动员通过参加健美操竞赛，能够在实践的基础上加深其对规则的理解，提高其对成套动作编排的科学性、艺术性的认识，提高其对音乐及其相关因素的研究能力，提高其理论水平，同时也能为健美操理论研究做出贡献。

二、健美操竞赛的种类

（1）按比赛的目的和任务可分为健身性健美操比赛和竞技健美操比赛。

健身性健美操比赛，主要是以健身为目的，以普及为基础的群众性比赛。根据健美操项目自身发展和社会发展需求来举办各种类型的比赛。目前，我国举办的大众健美操比赛有全国万人健美操大众锻炼标准大赛、全国亿万职工健美操活动暨健美操大赛、全国健美操形象大使大奖赛、健身俱乐部挑战赛暨健美操明星教练选拔赛等。

竞技健美操比赛，是以获胜为目的，要求参赛者有一定的身体训练水平和技术水准，且受规则规定的限制。竞技健美操比赛的举办不仅能够促进健美操项目不断向前发展，提升健美操技术水平，也能够扩大健美操项目的宣传力度，促进健身性健美操运动的发展。目前，竞技健美操国际比赛有FIG健美操世界锦标赛、IFA健美操世界杯赛、ANAC世界健美操冠军赛、世界健美操青少年锦标赛、国际邀请赛等。国内比赛有全国健美操锦标赛、全国健美操冠军赛、全国健美操青少年锦标赛、全国健美操精英风采大赛等。

（2）按比赛的规模程度和大小将健美操比赛分为大、中、小型比赛。

（3）按健美操的组织单位可分为全国性比赛和地方性比赛。

（4）按健美操比赛的性质分为竞技性比赛和训练性比赛。

竞技性比赛是指在真实的比赛环境下参加竞赛，以比赛获胜为目标，目的是创造理想的成绩，实现训练目标。

训练性比赛包括检查性比赛、模拟性比赛、适应性比赛、教学性比赛。

三、健美操竞赛的内容

健美操比赛的内容有规定动作竞赛和自编动作竞赛。

（一）规定动作竞赛

规定动作竞赛是主办单位根据比赛的目的、任务、参赛对象层次以及不具备创编和评审条件等因素而特意在赛前创编好成套动作，作为参赛队共同的比赛套路。

（1）健身性健美操竞赛的规定动作内容：国家体育总局体操运动管理中心制定的《全国健美操大众锻炼标准规定动作》和中国学生健美操艺术体操协会监制的《中国学生健康活力健身操套路》等。

（2）竞技健美操竞赛的规定动作内容：中国学生健美操艺术体操协会监制的《高水平健美操学生套路规定动作》、国家体育总局体操运动管理中心制定的《健美操运动员二级三级等级规定动作》、中国健美操协会技术委员会审定的《竞技健美操运动员技术等级规定动作》等。

（二）自编动作竞赛

自编动作竞赛是按照赛前主办单位下发的竞赛规程和特定的竞赛规则要求，进行不同项目的自编动作比赛，每个项目都有严格的评分规则和标准。

第二节　健美操竞赛的组织

健美操比赛的组织工作是健美操比赛顺利进行和达到预期效果的重要保障。竞赛组织工作的效率和组织能力直接影响比赛的质量和成效，影响参赛选手的发挥。竞赛组织工作类似于一项系统化工程，有它自身的系统框架：直属、分属机构；有它自身的系统结构：各个不同的组织部门；也有它的系统流程：赛前准备、比赛进行、赛后工作等阶段。了解竞赛组织工作对于开展健美操比赛，促进健美操发展具有重要的意义。下面从比赛组织的流程方面对竞赛组织工作进行介绍。

一、赛前准备

（一）召开主办单位筹备联席会议

由主办单位或主要负责人召集有关单位及部门的相关人员筹备会议，会议的主要内容是协调并落实有关竞赛的具体事宜，包括确定承办单位和协办单位、经费来源、比赛日期、地点、规模等。成立竞赛筹备委员会，确定办公室成员，将任务分工落实到具体的人。

（二）制定竞赛规程

竞赛规程是举办健美操比赛重要的指导性文件，是比赛筹备工作的依据，也是参赛单位、运动员、教练员及裁判员共同遵守的准则。竞赛规则一般由主办单位根据比赛的目的、任务和具体条件来制定，规程应简明、具体、准确，经主管部门审批，一般提前半年至少三个月发给各个部门，以便参赛单位有充分的时间准备并安排好各项事宜。竞赛规程一般包括以下内容：

（1）比赛名称：包括年度（届次）、性质、规模、名称（包括比赛总杯和分杯名），如：×××× 年 ××× 杯全国 ××× 健美操比赛。

（2）比赛目的：简述举行本次比赛的目的。

（3）比赛的时间和地点：要详细、清楚地写明比赛的年、月、日和地点。若具体的比赛地点在下发规程前还不确定，则要将比赛所在的城市写清楚。

（4）参加单位的条件：限定参赛者的范围，要具体、明确。

（5）竞赛的项目：对本次比赛参加项目、内容和时间的规定。

（6）参赛的办法：说明采取什么样的竞赛种类，一次性还是分预赛和决赛，是否按技术水平和年龄分组，是单项赛还是团体赛或单项、团体赛。有何特殊规定也要说明。

（7）参赛的人数及年龄：规定每个单位的参赛人数、参赛运动员的年龄要求。

（8）评分办法：说明采取什么评分规则和计分办法，团体赛和单项赛的录取办法。

（9）录取名次及奖励办法：根据比赛的规模说明评几个奖项，每个奖项设几名，是否有奖品或奖金。

（10）报名和报到：说明报名要求、报名方式、截止日期。比赛报到的时间、地点、乘车路线、联系电话等都要很清楚、详细。

（11）其他：凡不包括上述内容的所有事宜均可列入该项中，如有关参赛队的食宿是否自理，大会是否给予补助，是否提前预约返程车票，报到时参赛单位向大会缴纳保证金等。

竞赛规程应尽快下发，根据比赛的大小和发放范围，提早确定时间。全国性比赛应提前半年，中小型比赛不得少于 3 个月，否则将影响比赛筹备工作的顺利进行与比赛结果。

（三）建立竞赛的组织机构

为了使整个比赛的各项工作在严密的组织下顺利进行，需要根据比赛规模的大小成立相应的组织机构。通常由大会筹备委员会办公室召集主办单位负责同志共同商定大会组织委员会成员的构成。组织委员会成员一般应包括主办单位负责人、赞助单位负责人、承办单位和当地体委负责人上级领导机关的代表和有关知名人士以及总裁判长。组织委员会一般设主任 1 人、副主任 1 人、委员若干人，它是比赛大会的最高领导机构。根据比赛规模决定成立几个部门，大规模或大型综合性比赛，部门会分得很细，中小型比赛可少设几个部门。以全国性比赛为例，分为以下几个部门：大会组委会由大会办公室、竞赛处、仲裁委员会、裁判委员会、科研处组成。大会办公室由秘书处、集资处、新闻处（广告、宣传报道、标语牌、横幅及新闻）、后勤处（生活事务、医务、交通等）、保卫处、接待处（接站、送站、订返车票）组成。竞赛处分为场地、设备、编排秩序册、组织抽签、排序等。裁判委员会由裁判员、检录员、记录员、视线员、播音员组成。

1．大会办公室

大会办公室是大会组织委员会的权利执行机构，具体领导大会的工作。其工作内容包括大会活动日程、经费预算、拟定开闭幕式方案、筹划奖品、邀请组织发奖、召开领队与教练员会议、对外联络等。办公室设秘书处集资处、新闻处、后勤处、保卫处、接待处等。

（1）秘书处：主要负责文件的印制分发、票务、协助筹划奖品和邀请参加开闭幕式的领导及各有关方面人士。

（2）集资处：主要负责为大会筹备经费、负责与商家合作、利用商业机会解决大会资金问题。

（3）新闻处：主要负责对外界和赛场的宣传鼓励，包括标语、口号、宣传画、广告、新闻发布等。

（4）后勤处：下设生活事务组、财务组、医务组和交通组。

（5）保卫处：主要负责大会安全工作、维持秩序、使大会顺利进行。

（6）接待处：主要负责接站、送站以及预订往返车票问题。

2．大会仲裁委员会

大会仲裁委员会是直属组委会的机构。它对竞赛工作中出现的难以解决的问题，尤其是竞赛评分，进行最后判决。其多由相关专家和权威人士组成。

3．竞赛处

竞赛处是管理竞赛的专门机构，由裁判委员会和场地器材组成。编排记录组主要编排竞赛日程、排定场地、出场顺序、组织抽签、分发号码、编排秩序册以及负责计算成绩、提供名次名单等重要工作。场地器材组主要负责比赛场地和所需器材的准备工作。

4．裁判委员会

裁判委员会由总裁判长和裁判长组成，专门领导组织裁判工作。裁判队伍一般由裁判长 1 人、裁判员 4 ～ 5 人、记录员 1 ～ 2 人、计时员 1 人、视线员 2 人、检录员 1 ～ 2 人、播音员 1 ～ 2 人组成。可根据比赛规模大小适当增减裁判员的人数。

大会裁判工作应由裁判长全权负责，副总裁判长协助。聘请的裁判员应具有一定的健美操专业知识的内行担任，并要在正式比赛前集中几天进行裁判规则和学习方法的学习，详尽研究和讨论，以便能更准确地评分。

5．科研处

负责科学研究采集数据资料，促进健美操理论的发展，以更好地指导实践。

（四）领队和教练员会议

领队和教练员会议是竞赛中的一项重要内容，是参赛队伍与大会裁判员沟通的主要途径之一，一般由组委会主持，各处负责人及裁判长参加。通常在赛前、赛后各安排一次。

赛前领队和教练员会议主要内容包括：

（1）介绍比赛的准备情况。

（2）介绍大会主要部门的负责人和主要工作人员。

（3）宣布大会竞赛日程及有关规定。

（4）解答和解决参赛队提出的有关问题，如比赛安排、生活、规程及规则等方面。如果在规则和技术方面的问题较多，还可以单独召开领队、教练员技术会议，由裁判长详细解答。

（5）抽签排定完比赛出场顺序。如果时间允许，应采取公开抽签的办法由各队代表自己抽签较好。若时间不允许，可提前抽签，但是必须有组织委员会和大会负责人到场监督进行，由指定代理抽签，并应在领队、教练员会议上专门有所交代，以免引起误会。

赛后领队和教练员会议主要是安排例会的善后事宜和专门召开技术研究会，总结此次比赛工作，相互交流比赛出现的特殊情况，为下一届比赛的召开提前做好预防措施，促进健美操竞赛组织工作的不断完善。另外，也为各领队、教练员提供相互交流的机会，对交流比赛和训练的经验，了解健美操最新发展信息提供了空间。该会在比赛结束前召开效果更好。

（五）编排秩序册

秩序册是比赛安排的主要文件，自比赛日程和出场顺序之后，应在比赛前编制完成，并在裁判员和各运动队报到时分发。秩序册的内容一般包括运动员、教练员及裁判员守则，本次竞赛的规程，组织委员会、大会办事机构、仲裁委员会、高级裁判员组、裁判委员会、各代表队的名单、大会活动日程表、比赛补充通知、竞赛日程表、各场比赛的出场顺序等。

（六）组织裁判员学习

赛前有高级裁判组对裁判员进行分工，组织裁判员学习竞赛规程和规则，每名裁判员都要参加裁判学习，通过学习增强思想上的公平、公正、准确意识，树立正确客观的工作作风。通过学习规则，各裁判员对规则进一步熟悉，进一步深入，利于统一评分标准，达到客观、准确、公正、公平，利于健美操比赛向前发展。

（七）场地器材检查

由场地设备处负责准备比赛和练习的场地，准备音响和照相装置，准备裁判工作用具，如计时表、计算器、示分牌、红绿旗等，并按运动员出场顺序准备好评分单和笔。

二、比赛进行

（一）检录工作

检录员按照规程所指明的比赛场次、项目、比赛顺序进行点名检录。此工作在比赛开始前进行，一般提前 10 分钟左右开始检录前几组上场的运动员，保证比赛的顺利进行。

（二）评分工作

裁判员根据规则评分要求对运动员完成的动作进行现场独立的评分，并将评分填在评分表上或示分牌上，转交裁判长并由裁判长做其他扣分。

（三）宣告员工作

负责宣告每场比赛开始和结束，介绍仲裁委员和裁判长，宣布每场比赛的裁判人员、退场、宣布出场比赛队的名称、比赛项目及上一参赛队得分情况。另外，可以借助比赛空隙时间对本赛事具体情况进行介绍，做好宣传工作。

（四）记录组工作

记录员将项目、参赛队名称、每名裁判评分、裁判长扣分记录在单项成绩评分表上，并计算各队的最后得分。由总记录员负责核对、登记、计算和判定名次，每场比赛结束张贴成绩公告，并在整个比赛结束后各队离会前印发成绩册。

（五）放音工作

负责接收、保存、按比赛顺序准备无误放音，以及交还各队录音带或光盘的工作，保证比赛顺利进行。

三、赛后结束

（1）宣布成绩，举行颁奖仪式。

（2）编印成绩册，并分发至各参赛队、裁判员等有关部门。

（3）大会各部门进行总结工作会议。

（4）接待处安排运动员离会。

第三节 健美操竞赛的裁判法

一、对裁判员的基本要求

（1）经常参与和健美操运动相关的各种活动。

（2）对健美操运动的项目特点和技术要求有很好的理解。

（3）明确评分规则的要求并具备一定的评分技巧与经验。

（4）评分态度严肃、认真、公正、准确。

二、裁判组的组成

裁判组一般由裁判长 1 人、裁判员 4 ～ 5 人、记录员 1 ～ 2 人、计时员 1 人、视线员 2 人、检录员 1 ～ 2 人、放音员 1 ～ 2 人组成。

可根据比赛规模的大小适当增减裁判员人数。如全国性的竞技健美操锦标赛裁判组一般由高级裁判员，即健美操委员会 3 名指定成员组成；裁判组的成员是艺术裁判员 4 人、完成裁判员 4 人、难度裁判员 2 人、视线裁判员 2 人、计时裁判员 1 人、裁判长 1 人，共计 14 人。

三、评分方法

根据规程，比赛可采用公开示分或不公开示分的方法。

大众健美操比赛评分采取公开示分的方法，成套动作的满分为 10 分，裁判员各自独立进行评分，评分精确到 0.1 分。从裁判员的评分中去掉 1 ～ 2 个最高分和最低分，中间 3 个分数的平均分即为得分，再减去裁判长减分即为最后得分。

四、评分要点

（一）健身性健美操比赛的评分

一般中小型健美操比赛是以健身性健美操比赛为主，而健身性健美操比赛的主要目的是丰富人们的业余文化生活，促进健美操运动在广大群众中的开展，宣传健美操运动，吸引更多的人加入健美操运动中来。因此，健身性健美操比赛的评分重点、要求与竞技健美操比赛要有所不同。

健身性健美操的评分因素是热情与活力、能力与技术以及动作的编排。

1．热情与活力

热情与活力是指参赛者在比赛场上通过自己的表演体现出一种健康向上、充满活力的情绪以及吸引观众、感染观众的能力。这种高度的情感投入和表现能力体现了运动的快乐，这也正是健身性健美操运动所倡导的，因此应该鼓励。

2．能力与技术

比赛中所表现出来的能力与技术是参赛者平时锻炼情况或训练水平的直接反映。能力包括心肺功能和各种身体素质。技术包括身体姿态、动作的准确性、熟练性、幅度和力度以及动作与音乐的配合。而健身性健美操的技术要求是动作自然、协调连贯、节拍准确。

3．动作的编排

健身性健美操的动作编排首先要体现健身的科学性，不能选择对身体易造成损伤的动作。其次是健身的有效性和全面性，能达到有效和全面锻炼身体的目的。最后是艺术性，动作的设计要新颖、美观，成套动作的连接要合理、巧妙、流畅，动作素材要多样，队形变化要自然清晰，音乐的选择要和动作协调统一。

（二）竞技性健美操比赛的评分

竞技性健美操的比赛评分分为高级裁判组和裁判组。

1．高级裁判组的评分职责

监督整个比赛情况，处理影响比赛进程的违纪情况或特殊情况；查看裁判员的评分，对在裁判工作中表现不佳或倾向性打分的裁判员提出警告；根据记录情况，对评分不令人满意或不公平的裁判予以警告；更换被警告后仍表现不佳的裁判员。

2．裁判组评分的职责

（1）艺术裁判的职责是根据下列标准评价成套动作的创编：操化动作、难度动作、过渡 / 连接和托举动作的成套创编；音乐的使用；操化动作组合；比赛场地的使用；表现力与同伴的配合。10.0 分的艺术分按照以上 5 项均分，每项 2 分，以 0.1 分递增。

（2）完成裁判的职责是对成套动作完成情况的评分，取决技术技巧、合拍与一致性。

（3）难度裁判员的职责是使用 PIC 官方速记符号记录全部成套动作中的难度动作，数出难度动作的数量。对最先出现的 12 个难度动作按照动作分值和最低完成要求给予 0.1 ～ 1.0 的分值，对于难度动作的组合形式，每次予以 0.1 分的加分，并计入 12 个难度总分之中。对于 12 个难度动作之外的难度动作、难度动作缺类和超过 2 次以俯撑落地的动作给予减分。

（4）视线裁判员的职责是对运动员出现身体任何部位触及标志带线以外的地面进行减分，每次减 0.1 分。

五、裁判技巧

（一）精通运动项目和比赛规则

一名运动员的技术水平是通过在比赛中获得艺术分、完成分和难度分来体现的。作为一名裁判员，首先应该精通竞技健美操运动，从事此项运动教学或训练工作多年，具有丰富的理论知识和实践经验；对竞赛规则及裁判评分各个方面都有较深入的理解和研究，能站在不同的角度，如艺术、完成、难度的角度，严格按照竞赛规则的评分因素进行评分。裁判员还应具备专业以外的修养，如音乐修养、艺术修养及美学等方面的修养，以引领此运动项目向更高的水平发展。

（二）做好现场记录

比赛中，裁判员应该按照裁判员分工做好记录。在现场评分过程中，应尽可能地记录下在场上所看到的一切，包括动作顺序、完成情况、扣分情况、总印象和当时发生的特殊情况，以便对运动员成套动作进行客观的评判和赛后出现问题时方便查找，特别是艺术裁判员和难度裁判员的记录尤为重要。为了准确地对运动员的表演进行公正的评分，在赛前训练时裁判员必须认真了解运动员的情况，并做好记录，以作为比赛时的参考。

（三）角色的转换

一名优秀的裁判员必须做到抛开任何感情色彩进行客观的评判，特别是在和参赛的队或运动员有某种直接或间接关系的情况下更要注意，因为裁判员就是场上的执法者，竞赛组委会赋予裁判员的权力是对每一位参赛选手做出公正、严明的评判，这也是每一位裁判员的职责。

第九章　高校健美操的流行课种

第一节　有氧舞蹈

一、有氧舞蹈的概念、作用

（一）有氧舞蹈的概念

有氧舞蹈是配合音乐有节奏地舞动的有氧健身运动。有氧舞蹈把许多舞蹈动作健身化，通过有氧健身的锻炼形式，反复练习或进行组合练习。有氧舞蹈有许多风格，其音乐与舞蹈结合紧密，锻炼时能愉悦身心，而人的创造、想象、表现和艺术修养等综合能力也能得到提升。

（二）有氧舞蹈的作用

1. 有氧舞蹈的健身价值

有氧舞蹈动作自然、协调，经常锻炼能使身体各器官、系统的功能以及各种身体素质和身体活动能力得到均衡发展，使体质不断增强，尤其是对促进人体骨骼、肌肉、内脏器官、神经系统的发育以及形成优美的身体姿态有良好效果。同时，有氧舞蹈能有效地提高练习者的柔韧、协调、灵敏、耐力等身体素质，对于保健康复也有一定的积极作用。

（1）增强体质，增进健康。体质即机体的素质，包括运动系统、消化系统、呼吸系统、心血管系统、神经系统的功能状况。有氧舞蹈锻炼对这几个系统功能的改善有着积极的作用。

第一，增强运动系统的功能。运动系统是由骨、关节和肌肉三大部分构成的，它的主要功能是使人体运动。坚持有氧舞蹈的锻炼可以加强骨的新陈代谢，改善骨的血液循环，使骨的密度增加，骨变得更加粗壮和坚固，在抗折、抗弯、抗扭转、抗压缩等方面的性能都得到增强。对于关节的作用则主要体现在使关节面骨密质增厚，还可以使关节周围的肌腱和韧带增粗，从而增强关节的稳固性和韧性，增强关节的弹性和灵活性，可预防一些与关节有关的运动损伤。对于肌肉的作用体现在，一方面能使肌纤维增粗，肌肉体积增大，肌肉力量增强；另一方面，可以减少肌肉的脂肪，塑造肌肉的形状，而且有氧舞蹈可使肌肉贮存水分的能力提高，使肌纤维的供能中心线粒体数目增多，同时，可使肌肉内的毛细血管不论是在数量上还是在形态上都有所改变，从而改善肌肉的血液供给情况，提高肌肉的工作能力，不易产生疲劳。

第二，提高呼吸系统的机能水平。有氧舞蹈供能方式以有氧代谢为主，在运动过程中，练习者最大限度地摄入氧气，利用氧气燃烧体内的糖原、脂肪从而提供能量。为了吸入更多的氧气，练习者的呼吸深度加大，肺通气量成倍增长，肺泡的张开率提高，从而增大了肺部的容积和吸氧量。经常参加有氧舞蹈锻炼会使呼吸肌变得有力，从而提高呼吸系统的机能水平和机体的有氧代谢能力，同时对增强有氧耐力也有很大的帮助。

第三，促进心血管系统机能的提高。长期参加有氧舞蹈锻炼，可以使心肌纤维增粗，收缩力增强，心排血量增大，提高供血能力和心脏的储备力量，还能使动脉管壁的中膜增厚，弹性纤维增多，血管的运血功能加强。还可以通过循环系统向全身细胞提供更多的氧和养料，改善新陈代谢，减少脂肪沉积，延缓血管硬化。

第四，改善消化系统的功能。有氧舞蹈的一些腰腹动作（如屈转、绕环等）和髋部动作（如顶髋、提髋、绕髋等）活动较多，不仅使腰腹肌和骨盆肌得到锻炼，还会涉及肠胃等消化器官，使消化功能得到改进，有利于人体对营养物质的吸收和利用。

第五，增强神经系统的机能。有氧舞蹈是在中枢神经系统的支配调节下进行的。在动感十足的音乐伴奏下，动作的类型、力度、速度、方向、路线不断地变化，促使练习者集中注意力，快速反应。长期练习可以提高人的动作记忆和再现能力，增强神经系统的灵活性和均衡性，从而提高人的协调能力。

（2）提高身体素质。身体素质包括速度、力量、耐力、柔韧和灵敏性。有氧舞蹈对提高身体素质起着积极的作用，它可以加快速度，增加力量，增强耐力，增强柔韧性，促进协调。

第一，加快速度。速度素质包括反应速度、动作速度和移动速度，有氧舞蹈对动作速度的影响更加显著一些。因为有氧舞蹈运动都是在音乐的伴奏下进行的，在这种条件下，要求练习者伴随着声音信号的快节奏做出协调一致的快速动作。因此，有氧舞蹈可以提高动作速度的水平。

第二，增强力量。有氧舞蹈把快速的肌肉力量、延缓的肌肉力量、瞬间的肌肉控制力量有机地结合在一起，充分体现了动作力度的强弱。因此，经常参加有氧舞蹈的锻炼，可以提高动作力度。

第三，增强耐力。有氧舞蹈持续的时间较长，这就要求机体具备长时间运动的能力。有氧舞蹈多选择曲调欢快、节奏强劲或悠扬舒缓的音乐为伴奏音乐，这样的音乐能使中枢神经系统处于兴奋状态，从而使运动神经元的工作能力保持在一定的水平上，延缓了人体疲劳的出现，无形之中提高了耐力水平。

第四，增强柔韧性。有氧舞蹈要求动作规范、动作幅度大，即将肢体运动到规定的位置，使肌肉处于充分拉伸或收缩的状态，从而增强肌肉、肌腱和韧带的弹性。

第五，促进协调。有氧舞蹈在动作上设计了上肢和下肢的同步活动，躯干和下肢的同步活动，以达到全方面锻炼身体的目的。同时，也促使身体协调性逐渐增强。

（3）改善体形，培养端庄体态。有氧舞蹈区别于其他运动的重要作用就是它的形体锻炼价值，有氧舞蹈锻炼可以使身体各部分的肌肉得到协调、匀称的发展，不仅可以使男性身体各部分肌肉发达、线条清晰，还可以使女性身体各部分的脂肪尤其是腰腹部堆积的脂肪减少，使体态变得线条优美，秀丽动人。此外，通过长期正确的形体训练，还能矫正不正确的身体姿态，培养端庄的体态，使锻炼者的形体和举止风度发生良好的改变。

2. 有氧舞蹈的健心价值

随着现代社会的发展，生活节奏加快，竞争日趋激烈，个体的情绪处于较为紧张的状态，这不仅给人们生理造成了不适，而且给人们的心理也造成了不同程度的不适。如果一些心理问题得不到解决，最终也会影响生理健康。通过有氧舞蹈的锻炼，不仅可以获得强大的健身价值，还可以磨练意志，陶冶情操，发展情感，完善自我，并在活动中拓宽视野，增长才智，正确处理个人与集体的关系，辨别真伪丑美，提高思想境界，树立正确的价值观。因此，有氧舞蹈对练习者具有良好的健心价值。

第一，可以让人获得愉悦的心理体验，增强自信心。欢快的音乐加上动感的节奏，可以让人忘却生活、工作、学习中的挫折和困难，使人沉浸在欢乐的海洋中，释放生活中的压力，得到适当的情绪调节。

第二，有利于健全人格。有氧舞蹈锻炼可以培养坚强意志和集体协作精神，可以提高应变能力、自制力，增强责任感。

第三，有助于形成和谐的人际关系。有氧舞蹈运动多以集体的方式表现出来，如俱乐部、学习班、集体表演等，参加运动的同时还可以认识更多的朋友。人们可以在练习场地上进行平等、友好、和谐的交往，大家和睦相处、友爱互助，这种良好的人际关系将令人心情舒畅、精神振奋。

二、有氧舞蹈项目分类及特征

（一）有氧舞蹈的项目分类

1. 拉丁风格

最早的有氧舞蹈都带有拉丁舞风格，如萨尔萨有氧舞就是一种比较快的拉丁舞风格的有氧舞蹈，它吸取了如曼波舞、恰恰舞、探戈、桑巴舞等的优点。拉丁风格有氧舞蹈的特点就是髋部动作很多，动作优美。

2. 放克、街舞风格

放克、街舞风格的有氧舞蹈与Funk、Hip-Hop音乐有很大的关系，这些音乐都比较欢快，给人一种跃跃欲跳的感觉。Funk、Hip-Hop是带有自由舞和黑人舞风格的有氧舞蹈，动作放松、自由多变，它能够增强锻炼者的协调性，达到健身的目的。

3. 芭蕾风格

芭蕾风格的有氧舞蹈，在舞动中具有芭蕾的高雅气质，并且动作舒展大方让人体会到其抒情性与独特的表现力，给人优雅轻盈的视觉感受，柔美中透着力量。同时，也能通过舞者的身体姿态深刻地表现出舞者的深层情感。

4. 民族舞风格

民族舞是指产生并流传于民间、受民俗文化制约、即兴表演但风格相对稳定、以自娱为主要功能的舞蹈形式。具有民族舞风格的有氧舞蹈融合了不同国家、民族的舞蹈形式，体现出不同舞蹈的视觉感受，也能感受到鲜明的民俗文化气息，其动作内容形式多样、自由活泼、绚丽多姿，让舞蹈更加生活化和大众化。

5. 现代舞风格

具有现代舞风格的有氧舞蹈具有极强的随意性，其内容积极向上但不拘束，具有极强的包容性、时代性和创造性。

（二）有氧舞蹈特征

有氧舞蹈作为一种有氧运动，强度适中，能有效控制体重，提高练习者各种身体素质。另外，对场地要求不高，四季都能开展，对人体的心肺功能、耐力水平都有很大的促进作用。同时，有氧舞蹈将健美操进一步完善和创新，其所包含的运动元素更多样化，运动形式更新颖、时尚，更为年轻人所接受和喜爱。

三、基本动作

这些动作主要针对身体侧面的脂肪。每周做 2 到 3 次，间隔一天做一次。

（一）坐式膝盖下移运动

保持脊椎伸直，膝盖弯曲，坐在坐骨上，双脚平放在地上，脚踝并在一起，把双手放在身后作为支撑。

把注意力集中在腹部肌肉上，把双腿向左放低直到他们离地面约 6 英尺的位置，保持脚踝压在一起，肩膀前倾。滚动双脚，但始终不要离开地面。保持 1 秒钟，然后用腹肌慢慢地把腿向上拉起，然后转向右边。不要把膝盖直接放到身体侧面，注意掌控动作。这样从一边做到一边做 1 分钟。

（二）侧压运动

用身体右侧躺在地上，双腿伸直。把右前臂绕在腰部，把右手放在左侧。把左手放在脑后，左胳膊肘指向天花板。一个简单的版本：不要抬起的腿，只抬上半部身体。

用左边的斜三角肌（而不是右臂），收缩腹部和左肩膀离开地面 60 ～ 90 厘米，同时把左腿抬起约 30 ～ 60 厘米，保持这个动作 2 秒钟，然后慢慢地回到初始位置。开始的时候身体左侧右侧各做 5 ～ 8 次。慢慢增加至每侧身体 12 ～ 15 次。每次做 1 ～ 2 组，每组之间休息 1 分钟。

第二节　有氧搏击操

一、有氧搏击操概述

（一）有氧搏击操的概念

有氧搏击操是指在有氧健身操的基础上，融音乐、舞蹈、武术、拳击、跆拳道为一体，以搏击运动为基本内容，在练习时配以强劲的音乐的一种风格独特的有氧健身操。

（二）有氧搏击操的起源与发展

有氧搏击健美操英文名为 Kick boxing，起源于美国，是由 7 次获得国际空手道大赛冠军的美国人比利·布兰克斯创造的。他于1989年在美国洛杉矶开办了有氧搏击健身中心，并迅速引起巨大的轰动。无论是减肥、强身、健美，还是进行锻炼，比利·布兰克斯都创造了一个全新的健身概念。传统的有氧健身操经过了十几年的推广与传播，已经深受广大体育爱好者的喜爱。但对于有氧搏击操，大多数人可能还有些陌生，甚至有些人认为搏击之类的运动有些野蛮与残酷。其实不然，有氧搏击操不但运动量大，能够帮助健身者消耗热量，对促进心血管健康也有所帮助，对现代人来说，有氧搏击操是一种好玩而不伤害任何人的发泄法。因为健身者不是跟别人搏击，也无需任何器材，而是利用身体面向镜子向空中挥拳。

随着我国全民健身活动的兴起，有氧搏击操作为健身运动的一种也进入了各大城市的健身中心。北京、上海、杭州、南京、广州、郑州、武汉等城市各大健身房先后都开设有氧搏击操班。因为有氧搏击操对健身者在伸展拳脚时要求速度和力度的完美结合，所以，一节完整的有氧搏击操会消耗大量的热量，是健美操的两倍。有氧搏击操能够让健身者的侧腰、腹部、大腿、手臂、肩、背部减少脂肪，达到瘦身的目的。由于有氧搏击操动作多变，包括直拳、勾拳、摆拳、前踢、横踢、后踢等搏击动作，而且在做每个动作时要求迅猛、有爆发力，所以，健身者在锻炼全身每一块肌肉的同时，身体的弹性、柔韧性及反应速度也得到了提高。另外，有氧搏击操运动在出拳时，要求腹肌收缩、大吼一声，不但可以锻炼到平时不易使用的腰腹肌，而且是一种缓解情绪的好方法。通过这种方法宣泄情绪、减轻压力，想象一个假想敌就在面前，出拳、踢腿、发泄心中的不满，1个小时之后，心情会轻松不少，许多跳过“搏击操”的人都感觉畅快不已。许多健美操、武术、跆拳道、拳击专业从业者也开始练习有氧搏击操，有氧搏击操在各个体育院校和普通高校中广为传播，许多高校都开设有有氧搏击操选项课。在大学校园中许多体育爱好者也组织起来练习有氧搏击操。目前，在我国各健身中心和高等院校迅速兴起了一股练习有氧搏击操的热潮，并受到了普遍的欢迎和追捧，吸引广大青少年加入科学、健康的有氧搏击操健身行列，使这种新的健身文化运动形式更快走向主流舞台，在全民健身这个广阔的天地里更好地发展。当你真正参与有氧搏击操锻炼之时，就会了解其中的快乐所在，很快就会被其独特的魅力所吸引，并从中得到益处。

二、有氧搏击操的特点及功能

（一）有氧搏击操的特点

1．科学安全

有氧搏击操是遵循有氧健身操的锻炼原则而进行的，因此它属于有氧运动。而有氧运动可以使人的各个循环系统得到锻炼，从而加强其功能，使身体健康并增强抵御疾病的能力。同时，有氧锻炼可以有效地消耗能量，减少体内多余的脂肪而达到减肥的目的。由于有氧搏击操严格地按有氧健身操的锻炼原则而进行，因此其强度适中，运动量可以控制，动作的选择也是以增进健康与避免伤害为原则。同时，它只有想象中的目标而非面对面地进行搏击，这就使锻炼更具安全性。

2．有效全面

有氧搏击操的目标是想象的，在练习时通常可以将自已想要击中的目标假设在那儿，通过一些搏击动作将目标击中，从而发展自身某一部位的肌肉和力量，找到心理平衡点，达到有效的健身、健心目的。有氧搏击操的练习分手臂、躯干、步伐、腿法及综合练习，它的动作虽然只是简单的一个动作，却要动用躯体的多部位参与。如直拳动作，首先通过右脚蹬地，将力量传递到大腿、髋，再经过腰部转动将力量传递到胸、肩、手臂，最后才到拳上。因此，锻炼具有全面性。

3．简单易学

有氧搏击操采用中速偏慢的迪斯科音乐，节奏分明易于掌握。另外，搏击的内容是有选择的，被吸纳的动作也是经过简化分解的。如拳击中的直拳、勾拳、摆拳等，腿法中的前踢、侧踢、摆踢等。这些动作不仅直观，而且动作要求也只限于用力的顺序与用力的正确位置，并不要求像拳击、搏击竞赛与实战中那样快速准确，因此，一般人都能够完成这些练习。此外，它不强调复杂的动作组合，而且运动中的变化特别是方向变化也较少，加之教学多采用分解和慢速的方法，这就更有利于练习者掌握动作了。

4．挑战性与娱乐性为一体

有氧搏击操在强劲有力的音乐伴奏下和指导员的带动下，使所有练习者做着刚劲有力的动作，同时，在发力之间伴着整齐洪亮的呐喊声，整个课堂的气氛非常热烈。锻炼者在这种氛围之下进行练习，其热情将极大地提高，这使锻炼成为一种娱乐，将原本艰难的锻炼过程变得轻松愉快，激动人心。当面对假想的敌人，投入激情时，锻炼者可以从中得到“挑战”的乐趣和获得胜利的喜悦。

（二）有氧搏击操的功能

1. 增强肌肉的力量、弹性与身体的柔韧性

有氧搏击操的动作在发力时要求迅速、有力，但收缩时自然、放松、快捷，通过局部与综合的动作练习过程，使动作速度不仅逐渐加快，并且通过大幅度的反复练习和肌纤维的反复伸缩，使肌肉的力量与弹性得到了增强，反应速度加快。同时，各种踢腿对增强下肢的柔韧性非常有效。

2. 消耗大量的能量

有氧搏击操采用的是长时间、中低强度的运动，属于有氧耗脂运动，其主要能量来源于体内的糖和脂肪等能源物质。因此，有氧搏击操练习对于希望减少体内脂肪的锻炼者，无疑是一项非常有益的运动。

3. 针对腰腹的特殊锻炼效果

有氧搏击操中的各种拳法与腿法，都要求腰腹发力，可以说腰腹练习始终贯穿于整个练习之中，大量的腰的转动与腹部的收缩，使锻炼者的腹部变得强健平坦，不再让多余的赘肉堆积在腰腹部。

4. 增强自信，调节情绪

通过有氧搏击操的练习，锻炼者的身体素质得到了提高、身体健康水平得到了提高、形体更接近理想状态。因此，会使锻炼者在日常的生活工作中更具活力与自信。一旦投入到有氧搏击操的练习，很快就会被它的激情与热烈的气氛所感染和融化，会很快释放压抑的情绪与心情，使自己的不良情绪得到缓解与改变，从而身心放松。

三、有氧搏击操的基本技术

（一）有氧搏击操的站姿

有氧搏击操的站姿来源于搏击项目的防卫姿势，分正面站姿和格斗站姿。

双腿微屈分立，躯干固定稍收腹，双臂屈肘握拳于下颌部，身体重心在两腿之间。

（1）正面站立。两腿左右分开成一条直线，两膝稍屈略收腹，两臂屈肘握拳于下颌部，重心在两腿之间。

（2）格斗站立。两腿分开，前后站立，稍屈膝，双腿内扣，身体侧对前面，重心在两腿之间。

（二）有氧搏击操的拳法

握拳：双手握紧，拇指压住其他手指。

发力：出拳时力量主要由脚底蹬地传到腰腹，由腰腹再带动手臂出拳，整个动作过程要一气呵成。

（1）直拳。从站姿手臂位置开始，发力由腿、腰带动冲拳，同时手臂内旋到达虚拟远端着力点。到达着力点前手臂保持放松，到达后瞬间紧张，随后放松收回到站姿手臂位置。

（2）勾拳。发力和开始姿势与直拳相同，先向后摆再由后经下向上冲拳到虚拟远端着力点，手臂要始终屈肘保持 90° 紧贴身体。

（3）摆拳。发力和开始姿势与直拳相同，屈臂向外提肘，手臂弧形摆动到虚拟远端着力点，再收回到开始姿势。

（三）有氧搏击操的腿法

在腿法中支撑腿的稳定是非常重要的，支撑腿应稍屈重心下沉保持稳定，同时身体随着动作要做与腿法相反方向的倾斜，以便保持身体的平衡与稳定。

（1）顶膝。支撑腿微屈，动力腿用力提膝，同时稍收腹身体微后仰。

（2）踹腿（前、侧、后）。支撑腿微屈，动力腿由屈膝提腿开始发力，同时伸直腿、勾脚尖到达虚拟远端着力点，然后收回，身体向反方向倾斜并保持平衡。

四、有氧搏击操练习注意事项

（一）充分的准备活动

有氧搏击操是将音乐、舞蹈、武术、拳击、跆拳道的动作混合在一起，并且配合着动感十足的背景音乐、极富爆发力的动作，让练习者在汗水中尽情发泄激情和青春，所以，在跳有氧搏击操之前，需要做各关节基本动作的准备活动，使身体预热，做到既能在跳时动感十足，极富爆发力，又可避免运动损伤，更利于动作的掌握和展现。

（二）合理安排教学内容和组织形式

有氧搏击操是选取音乐、舞蹈、武术、拳击、跆拳道等艺术动作为素材，依照体育健身的原则与方法形成的独具魅力的体育健身形式。安排教学内容时，要充分体现全面锻炼身体、增进健康的动作要求，避免局部练习负担过重，造成不必要的损伤。教学组织形式应体现灵活性、多样性，既可展现自我，又要兼顾集体配合。注意组织形式的多变，发挥有氧搏击操重视瞬间的爆发力、感官刺激、创新性的特点。

（三）教学场地的选择

教学环境无须特殊要求，室内室外均可选用。练习场地的选择遵循“健康、安全”的原则，避免在拥挤的房间内进行后踢等动作，防止别人和自身受到运动损伤。

（四）课程结构和音乐节奏的选择

（1）准备活动主要以关节活动和伸展运动为主，时间为 5 ～ 10 分钟，音乐速度为 100 ～ 135 拍 / 分。

（2）基本部分主要以搏击有氧健美操的基本动作及套路为主，时间是 10 分钟，音乐速度为 120 ～ 140 拍 / 分。

（3）结束部分主要以放松运动为主，音乐速度为 95 ～ 120 拍 / 分。

总之，做搏击有氧健美操时要注意避免在拥挤的房间进行后踢的动作，否则很可能会误伤别人；遵循由低冲击到高冲击动作的原则，避免和专业运动员一样进行长时间的训练，应交替进行大运动量和低运动量的练习；练习时腹部、下颌收紧，两手握拳于脸前呈防御姿势，保持正常呼吸，不屏气；保证足够的热身时间而且使身体得到足够的伸展。上课时腿部每 15 ～ 20 分钟应做一次伸展。

第三节　有氧拉丁操

一、有氧拉丁操概述

（一）有氧拉丁操的起源与发展

有氧拉丁操是由拉丁舞演变而来的。拉丁舞的全称是拉丁美洲舞，这种舞蹈在拉丁美洲非常流行，它最早起源于非洲，后来与欧洲南部的舞蹈音乐结合，并由拉丁语系的移民带到南美洲，与当地的土风舞相互融合，逐渐形成了如今的伦巴、恰恰、桑巴、牛仔、斗牛等新的舞种，现今拉丁舞已经风靡全球。而有氧拉丁操则是将火热动感的拉丁舞与极富活力的健美操进行有机结合而形成的。它是在拉丁舞狂热的音乐伴奏下，把颇具特点的舞蹈动作和有氧健身操动作进行结合而形成的一种全新健身方式。由于拉丁舞动作强调髋部的摆动，因此有氧拉丁操对健身者的腰部锻炼有着较为明显的效果。

2000 年，有氧拉丁健美操开始在北京流行。其引用了拉丁舞狂热的音乐，使健身者在激情的拉丁音乐中，尽情展示自己美好的身段，并使健身者在疯狂地扭动和淋漓的汗水中，减去腰腿部多余的脂肪。

拉丁健身操虽然来源于国标中的拉丁舞，但是在基本步法的要求上没有拉丁舞那样严苛。有氧拉丁操在人数上也没有特别的限制，单人、多人都可以进行。由于它属于健美操运动的一种，因此更多地强调能量的消耗，在动作细节上的要求并不是太高，在保持运动量的同时，做到髋、腰、胸、肩部等身体各关节的协调活动即可。相比于拉丁舞，有氧拉丁操的动作较为简单，主要以健身步法为主，更易于参与者学习和快速掌握相关技术动作。

（二）有氧拉丁操的特点与功能

1. 有氧拉丁操的特点

（1）热烈奔放。有氧拉丁操的风格特点是热烈奔放，在锻炼身体之外更可享受愉悦。拉丁操要求百分之百的情绪投入，越是淋漓尽致地把拉丁舞的感觉发挥出来，就越能放开，无所顾忌，在音乐中释放身体。有氧拉丁操的音乐热情奔放，充满激情，通常用迪斯科的节奏加上拉丁风格的配器，能使练习者在锻炼的同时感受异域的风情和文化。

（2）锻炼全面。在从事有氧拉丁操运动时，健身者全身大部分的关节和肌肉都会参与锻炼，因此，全身减脂的效果也非常好。有氧拉丁操的锻炼的重点在于腰部和髋部，也能使大腿内侧得到充分的锻炼。

（3）负荷强度小。有氧拉丁操负荷强度非常小，适合所有人群练习。但由于拉丁操具有自由随意、热情奔放、节奏明显等特点，因而更适合年轻人参加。

（4）更具健身性和普及性。有氧拉丁操在动作细节上减少了专业拉丁舞的规范和双人配合的要求，使其更具健身性和普及性。

2. 有氧拉丁操的功能

（1）有氧拉丁操以多关节运动为主，还增加了一般健身练习中较少练习到的髋部和腰腹部练习，故对增强髋部和腰部的灵活性和身体协调性有明显的作用。

（2）有氧拉丁操以拉丁舞为基础，大量吸收了拉丁舞的动作风格和特点，不但具备减脂和塑造身体线条的锻炼价值，也具备较强的表演性和欣赏性。

（3）通过有氧拉丁操的练习，可使练习者达到减脂和塑形的作用，也可以提高练习者创造美、欣赏美的能力。

二、有氧拉丁操的健身动作

有氧拉丁操主要包括热身、有氧练习、放松和伸展四个部分。其中，热身部分主要针对练习者身体局部灵活性的锻炼；有氧练习部分的主要目的是减脂和增强人的心肺功能；放松和伸展部分则主要是为了放松健身者在练习过程中产生紧致的肌肉，舒展肌肉线条，避免运动后的疼痛。

从技术动作的角度来说，有氧拉丁操的动作难度并不大，但对动作的用力方法和节奏的掌握一定要恰到好处。一般而言，有氧拉丁操动作的用力顺序是从下到上、由里向外，即所有力量来自地面对身体的反作用力，由脚传到腿到髋到腰再到躯干。而手臂的动作是由躯干内部发力向外延伸。另外，全身各部位的协调用力是完成好动作的关键，如基本动作中，左膝内扣，髋右转动时躯干应左转，也就是左右两侧的对应要形成对抗状况，这样能积蓄力量来完成下面的动作。此外，有氧拉丁操基本动作在其技术动作中有着非常重要的地位，学习时一定要注重。下面介绍几项常见的有氧拉丁操基本动作。

（一）抖肩

在做抖肩动作时，健身者需要双臂伸直侧下举，五指分开，掌心向前，左肩前顶，右肩后展，再右肩前顶，左肩后展。

（二）恰恰步

恰恰步节奏形式为 1 哒 2，即两拍三动的形式。以右侧恰恰步为例，在健身者健身时右腿向右侧迈出 1 拍“哒”，左腿并步；右腿再向右侧迈出。应当注意的是，恰恰步的变化很多，可以向侧、向前、向后；可以并步或交叉步；可以单独做或结合别的步伐一起完成。

（三）曼波步

节奏形成为均匀的节奏，没有切分节拍，可以前后、向侧或结合转体动作。在传统健美操中也常用这个步伐。运用该技术动作时，左脚向前一步，重心前移，同时向左摆髋。随后，重心后移至右脚，同时向右摆髋。左脚向后一步，重心后移，同时向左摆髋。然后，重心前移至右脚，同时向右摆髋。做曼波步时，双臂屈肘于腰间自然摆动。

（四）桑巴步

桑巴步的节奏形式也是 1 哒 2，两拍两动，但与恰恰步不同的是它的“哒”拍时间很短，并且完成动作时节拍要有短暂的停顿。以向右的桑巴步为例，在健身者健身时蹬左腿向右一步，重心右移，同时身体左转。“哒”左腿向右腿后点一步，同时右腿微微屈膝抬起，重心在左腿。把重心移至右腿，右脚原地点地一次。桑巴步也可用来做移动或连续多次使用，整个动作主要注意髋部随着重心移动而左右摆动。

第四节　有氧踏板操

一、有氧踏板操概述

（一）有氧踏板操的起源与发展

有氧踏板操是健美操运动中出现最早的一项有氧运动。据说它最早是由一名膝部受伤的美国有氧操教练在1968年创造发明的，并迅速流行于美国，如今已成为世界流行的一项有氧健身运动。

踏板操是有氧运动的一种，踏板操运动通常在一块长90～110厘米、宽40厘米的专用健美操踏板上进行健身运动。踏板的最低高度一般为10厘米，并且高度可以进行调节，一般以5厘米为一挡来进行调节。踏板高度越高，对脚的负荷越重，运动的强度就越大。踏板操是一种中高强度的有氧运动，它可以有效提高参与者的有氧运动水平。

有氧踏板操非常具有挑战性和娱乐性，它能提高锻炼者的协调能力和全身的力量控制能力。通常，练习者主要在自己的踏板周围运动，高级的有氧踏板操课程一人可以同时使用两块踏板。目前在较大的健身房都开设有踏板操的课程，有氧踏板操具有独特的健身效果，深受广大健身爱好者的欢迎。

（二）有氧踏板操的特点与功能

1. 有氧踏板操的特点

（1）运动负荷的可控性较强。有氧健身运动的强度一般保持在中、低水平，要准确把握和控制运动强度，对于经验不足的健美操指导员和初级健身者来说较为困难，踏板操则很容易达到这一要求。调整踏板下的垫板高度可以使人们很容易就能调节运动强度。完成同样的动作，踏板高度越高，运动强度就越大，能量消耗也越大；反之，则越小。因此，健身者就可以轻而易举地根据自身的条件和锻炼目的来选择不同高度的踏板。

高强度练习一般不超过1分钟，通常上板时强度大、下板时强度小，高强度练习对初学者一般不适用。

（2）较好的安全性。由于踏板操主要在踏板上不停地上下、前后移动，跳跃性动作相对较少，并且下板时，脚与地面接触的过程多为缓冲动作，因此，就使得下肢关节具有明显的屈伸和过渡，从而最大限度地避免了长时间跳跃造成的运动损伤。踏板练习者上板时，要注意提高重心高度，下板时要注意降低重心高度，同时腿、臀发力加以控制，这样有利于保护下肢关节和韧带。

（3）较强的娱乐性。踏板的使用，使得动作内容大大增加。因此，在练习时就可以充分利用踏板的面以及踏板的 4 个角来完成上、下板的连接动作或单纯的板上运动。同时，可以按需要将踏板摆成不同的位置，如横板、纵板，也可以同时利用 2 块、3 块甚至 4 块踏板进行练习，从而增强踏板动作的有趣性。但要注意，在利用踏板的角运动时，要防止踩偏和踩空。

2．有氧踏板操的功能

（1）增强人体的心肺功能。在进行有氧踏板操锻炼时，由于人体要克服自身重力的负荷，因此在完成同样的动作时，在踏板上练习要比在平地上练习消耗的能量多，而这种有氧运动负荷的合理增加，有利于增强人体的心肺功能。

（2）培养练习者良好的方位感。相比于地面，在踏板上练习健美操会增加许多难度，因为踏板是一个立体物，有高度、长度、宽度，很难像在平地上那样随心所欲。例如，离踏板太近或腿不够容易将踏板踢翻；离踏板太远又踏不上踏板；迈步过大或踩在踏板边缘容易摔倒等。这都需要健身者有良好的位置感觉，包括对自身位置和踏板位置的感觉。另外，踏板的形状接近于一个长方体，健身者在踏板上完成组合动作时，经常会有方向的变化，如果方向把握不正确往往会踏不到正确位置或赶不上节拍，而通过长期踏板练习将帮助健身者建立极佳的方位感。

（3）塑造良好的下肢形体。在有氧踏板操运动中，大腿和臀部的肌肉是最常锻炼的部位。在完成所有上、下踏板的动作中它们主要是克服自身重力来上、下踏板的，完成相对应的技术动作，而这个阻力相对最大力量要小很多。因此，踏板属于长时间的小重量抗阻肌肉练习，能够起到消耗腿部、臀部多余脂肪，突出肌肉线条而又不增加肌肉围度的效果，对塑造健美的腿部和臀部具有良好的作用。

三、踏板操的基本技术

踏板操的基本技术动作包括板上动作、板下动作、上下板连接动作。独立的板上板下动作都是健美操基本动作及其变形。因此，踏板操的基本动作主要指上下板连接动作，它包括点板类、双腿依次上下板类和双腿同时上下板类。

（1）点板类。一侧腿触板，但重心始终在踏板外，包括正点板、侧点板、交叉点板。

（2）双腿依次上下板类。重心由踏板外到踏板上再到踏板外，主要有以下两类：一是动作领先上板和领先下板为同侧腿，例如踏步式上下板（基本步）、V字上下板、转板、穿越板。二是动作领先上板和领先下板为异侧腿，例如上板吸腿（上板抬腿）、上板踢腿、上板后屈腿等（包括方向变化）。

（3）双腿同时上下板类（跳跃上下板）。从踏板外跳上、分腿跨板跳上。

第五节　健身街舞

一、健身街舞概述

（一）健身街舞的概念

街舞是用身体的跳跃、扭动、旋转、摇摆，甚至一系列的空翻、倒立、陀螺转等技巧性很强的动作来诠释独立不羁的个性心志，其舞姿自由，节奏动感，具有强烈的爆发力和感染力。

健身街舞作为一种新的健身形式，是将原来的街头舞蹈进行相应的变化并引入健身房，让更多的人能够有机会接触街舞。健身街舞作为一种健身方式自然肩负着促进身心健康的任务，它不仅仅是一种健身方式，更是一种成长中的娱乐方式。在练习中，愉悦的感觉和放松的心情也是必不可少的。

（二）健身街舞的发展

街舞起源于美国纽约，是爵士舞发展到20世纪90年代的产物。在70年代的美国，在追求彻底自由与解放的社会心态下，在纽约一些黑人社区的街头（特别是著名的布鲁克林街），许多青年在街头聚会、舞蹈、自娱自乐，有时还要比舞助兴，形成了不同风格和流派，比较有代表性的有霹雳舞、锁舞、电流等。它的动作是由各种走、跑、跳组合而成，极富变化，并通过头、颈、肩、上肢、躯干等关节的屈伸、转动、绕环、摆振、波浪形扭动等连贯组合而成，各个动作都有其特定的健身效果，既注意了上肢与下肢、腹部与背部、头部与躯干动作的协调，又注意了各环节各部分的独立运动。

街舞从旧流派演变至新流派要从早期旧流派的音乐说起。旧流派音乐节奏非常快，以此来和霹雳舞的动作配合。随着街舞音乐的演进，人们发现这种较慢的节拍不适合跳霹雳舞。这时候，旧流派街舞就不得不与新流派街舞分家了。早期新流派街舞的步伐非常简单，只有滑步等简单动作。后经黑人舞蹈团体发展，形成了“原地性的街舞”，其独特的风格在于注重身体的协调性，强调上半身的律动，并增加了许多手部的动作。这种新流派的街舞随着著名歌星的音乐在全世界的传播而得以在世界范围流行。

新流派街舞在日本的发展，是街舞运动提升的又一个阶段。由于日本有美军长期驻扎，日本是亚洲接触街舞文化最早和最深入的国家。当新流派街舞在日本传播时，几乎所有的日本街舞爱好者都去探索和研究这种形式的街舞，他们在接受的同时逐渐发展出了自己的一套街舞风格。他们尝试用旧流派的音乐来跳新流派的街舞，动作的变化更加复杂，身体的扭曲和变形更加厉害，形成了越来越没有规律性的舞蹈，从而把街舞文化发展到了一个更高的境界健身街舞在 1995 年作为一种健身方式被引入我国。在专业健美操运动员的日常训练中，常用这种 Hip-Hop 来训练运动员的协调性、表现力等综合素质，有时也会做表演之用。街舞的外在表现时尚，运动强度适中，进入健身房便成为可能不过，健身房的街舞在动作的选择上更注重其安全性、锻炼价值、健康向上和个性表现力，所以练习者在消耗脂肪的同时，也缓解了精神压力。

二、健身街舞的特点和功能

（一）健身街舞的特点

1. 表演与娱乐性

街舞被搬进健身房，其内容和练习方式在体育健身原则的指导下有一些相应的改变，但它固有的流行舞蹈的表演性与娱乐性则保留下来，这是街舞之所以体现时尚与活力的根本所在。

2. 风格自然狂放，突出个性表现

街舞动作中非常重视身体与步法的节奏变化，并增加了许多手臂组合，在随意、松弛的动作感觉之外，更强调动作的韵律感与爆发力。在动作的编排过程中，不同的 Hip-Hop 音乐会带给街舞教练员不同的灵感与发挥空间。学生在练习过程中除了学习基本动作外，还可以在头部、手臂等部位做一些自己喜欢的简单变化，进行再创造，尽情体现自己的风格。

（二）健身街舞的功能

1. 发挥有氧锻炼功效

健身街舞作为一种健身锻炼形式，已将街舞中一些对关节、肌肉有可能造成损伤的动作尽可能地避免，也没有采纳一些高强度的技巧动作。教练员采用的分解和循环式的教学方法使练习过程易于掌握，使运动持续不断，保证了健身街舞所具备的有氧锻炼的功效。

2. 培养韵律感和协调能力

健身街舞动作变化丰富，规律性不强，而多数动作都是涉及小关节和小肌肉群的。为了增强动作的动感和美感，身体各个部位的配合动作也较多，节奏变化忽快忽慢，很多动作出现在音乐的弱拍上（一拍两动），需要学员全力调动个人的协调性。可以说，健身街舞的练习过程对改善人的协调能力是卓有成效的。

3. 调节心理情绪

健身街舞采用的是舞蹈动作，在动感十足的音乐伴奏下进行练习，很容易使人兴奋起来，使压抑、低迷的情绪提高到比较积极的水平。街舞自由奔放的动作形式和充分展示自我的风格取向，使人们的身心得到愉悦，特别是在缓解精神压力、调节人的情绪方面起着积极的作用。

4. 促进人的社会化

人是社会中的人，人的生活也离不开社会，人与社会的接触过程就是不断学习和认知的过程。文化的功能之一就是满足人不同层次的需求。人们通过练习健身街舞从而了解健身街舞，获得一种必要的情绪体验。除了自身练习人们参与或者观赏健身街舞的过程，就是人与社会接触的过程。街舞比赛中始终是“友谊第一，比赛第二”，重在参与、交流、学习，用以规范运动行为，这无形对所有比赛的参与者产生了教化的作用；健身街舞比赛的目标是展示自我挑战自我，超越自我，争取胜利，可以激发人们的进取心和创造力；在健身街舞团体组织中，技术指导者、舞蹈创编者、音乐编辑者、对外联络者均在扮演着不同的角色，这种扮演不同角色的意识和能力，在社会生活的其他方面同样重要。

三、健身街舞基本动作

（一）膝关节弹动

两腿并立，膝关节自然屈伸，两臂于体侧自然下垂。

（二）踏步

两腿并立，两腿依次踏地，膝关节自然屈伸，两臂屈肘于腰间，两臂自然前后摆动，两手半握拳。

（三）含展胸

预备姿势：两腿并立。

1：右腿向右一步，重心在两腿之间，同时做展胸动作。

2：左腿并右腿，同时做含胸动作。

3：前半拍，做展胸动作，同时右腿向右走一步。后半拍，做含胸动作同时左腿并右腿。

4：前半拍，右腿向右一步，做展胸动作。后半拍，左腿并右腿还原。两臂：右臂屈肘 90°，随含展胸动作做前后摆动，右手五指分开。掌心向前。

左手五指分开，扶左髋。

（四）顶肩

预备姿势：两腿开立，比肩略宽。

1：向上顶右肩，同时右手半握拳，右臂屈肘，随右肩自然摆动，左臂自然下垂，五指自然分开。

2：向上顶左肩，同时左臂屈肘随左肩自然摆动，左手半握拳，右臂自然下垂，五指自然分开。

3—4：向上顶右肩两次。

（五）绕肘

预备姿势：两腿并立。

手型：食指剑指。

1：右脚踏步，右臂肘关节由内向外绕 360° 至右臂侧平举。

2：左脚踏步，左臂肘关节由内向外绕 360° 至左臂侧平举。

3：右腿向后一步，同时右臂由内向下绕 180°，自然下垂。

4：左腿向后一步并右腿，同时左臂由内向下绕 180°，自然下垂。

（六）健身街舞的技术要领

1．运用自如的肢体控制力

街舞属于技巧性较高的运动项目，要求舞者具有较高的力量、柔韧性和协调性，特别是肢体的自我控制能力。舞者通过对自身肢体灵活随意地调度把握，表现高超的技术技巧和舞感体现。

2．极度夸张的表现力

在街舞练习中，舞者不仅是在活动身体，更要把自己展示在众人面前，吸引人们的注意。因此，动作往往尽可能地变形、扭曲、翻转，比如 wave，headspin，poping 等。街舞的表现形式是不拘一格的，动作表现力达到较高水准。

3．完全彻底的放松

街舞动作最基本的要领就是做到全身尽量放松，时刻将双膝保持在弯曲的弹性状态。注意舒展动作和松弛动作的姿态，动作对比明显。身体要有弹性，膝部放松、灵活，髋部大幅度摆动，同时兼顾到头、颈、胸、腿、臂等各部位。大胆释放自我，随性发挥，才能跳出街舞的真谛。

（七）练习注意事项

（1）服装随意、宽松，充分显现自我。跳街舞时最好穿平底休闲鞋或运动鞋，Hip-Hop 的真正含义不仅是街舞，更代表其特有的音乐和服饰。

（2）每次练习前后要做 10 ～ 15 分钟的准备和整理运动，以便肢体得到充分伸展。热身时间不够或身体未得到足够的伸展，会影响跳街舞的状态和练习效果。

（3）循序渐进，量力而行。练习要有信心和耐心，敢于表现，循序渐进，才能跳好街舞。不能急于求成一味追求新异动作，任何高难度动作的完成都需要有很多的铺垫，都必须有配套的练习过程。因此，要注意自己身体基本能力的改善，在不断提高街舞技艺的同时避免各种损伤的出现

（4）由于街舞需要较高的协调性，最好先进行各种操化动作和舞蹈动作练习，具备一定基础后练习街舞，可较快找到街舞的感觉。

（5）若发生肌肉疲劳、局部出现疼痛不适、低血糖、眩晕、心率过快等情况，可暂时停止练习，先休息片刻后再决定是否继续。

第六节　健身球操

一、健身球操概述

（一）健身球操的起源与发展

从最初的起源来看，健身球操是一种新兴的体育健身项目，1963 年出现在瑞士，因此也叫“瑞士球”，最初的时候是被用来对患者进行康复治疗前使用。在随后的发展过程中，健身球传到澳大利亚、美国、欧洲等国家和地区，被用来治疗颈椎、腰背、膝盖、肩部酸痛和精神紊乱的疾病，以提高病人的平衡能力。由于健身球在纠正体态、提高肌肉力量、促进身体平衡、康复功能等方面的显著作用，20 世纪 70 年代这项运动被逐渐向社会推广成为一种新兴的健身项目健身球操传入中国的时间并不长，大约是在 20 世纪末进入的。最初的时候出现在上海的一些健身中心，随后在北京、广州等城市传播开来。随着我国经济的不断发展，现阶段，健身球操已经在我国的其他一些大城市流行起来，成为人们经常采

用的健身方法之一。

（二）健身球操的作用与特点

1．作用

（1）缓解腰背部的疲劳和病痛。腰背痛已变成一种十分普遍的都市病，统计数字显示在现代化大都市中，约八成人曾患过腰背痛，大多数专家都认为长时间的坐姿，加上缺少活动，容易导致腰背痛。特别是长期伏案学习或端坐在电脑前的大学生，身体长时间保持一个姿势，加上缺少活动，从而导致背部、腰部的肌肉负担过重，出现腰背痛等局部过度疲劳现象。

适量的运动是预防这些病痛的最佳方法，柔力健身球在缓解腰背的疲劳方面有着独特的作用。健身球提倡“动态坐姿”，当人坐在球上时，身体并未放松，背部、臀部、膝部等部位仍不断地做出细微的调整，使自己能保持平衡。这些细微的调整有助于脊柱中的椎间盘的血液循环，加强背部的力量。通过随时地调整自己的身体重心和平衡，增加了脊柱的运动，增强了背部力量以保持正确的坐姿。

健身球运动可以使椎间盘得到及时的营养补充，弹性增强，延缓了老化过程，减少腰背部疲劳发生的概率。在运用其进行练习的时候，拉长了脊柱前部的韧带，对腰背部进行着有效的按摩，这都起缓解腰背部紧张、疲劳的作用。

（2）提高肌肉的力量。力量是健康生活的重要组成部分，也是人体最基本的运动素质之一。无论是在校大学生还是专业运动员，都需要基本力量来进行日常活动。据美国杂志《Fitness World》指出，适当的力量训练为身体带来不少益处，包括肌肉力量、肌肉耐力、肌肉量增加、骨骼内矿物密度改善及增强结缔组织力量。我们可以将健身球加入力量训练中，只要将健身球加入健身动作中，例如卧推和仰卧起坐，这些动作便会显得较以前困难，因为练习者在完成动作时需要更多平衡的力量来稳定身体，健身球就这样给练习者以额外的训练。然而，我们并不建议在健身球上进行大重量的训练，因为在健身球上完成各种动作时，健身球是运动的，身体的各个关节肌肉必须不断调整，来控制身体的平衡，如果再给身体增加一大重量的负荷，就会给练习者造成更大的困难，很难控制身体的平衡，容易造成意外的运动损伤。

（3）提升身体的柔韧性。在日常生活中具备良好的柔韧性，可以减少韧带、肌肉等软骨组织的损伤，防止伤害事故的发生。具备良好的柔韧性还可以提高工作效率，减少疲劳的发生，有助于肌肉的放松和情绪的稳定。借助柔力健身球，可以拉伸身体在正常情况下无法牵拉的肌肉、韧带。柔力健身球体积大，人体可以仰卧或靠、搭在上面，完成人体在正常情况下无法完成的身体姿势，从而增强肌肉、韧带的柔韧性。

运用柔力健身球发展柔韧性是采用慢速伸展的方法，不易引起肌肉、韧带组织的拉伤。人体作用在球体上，伸拉肌肉韧带时，要随着球的惯性慢慢用力，这种发展柔韧性的方法简单、有效、安全，不需要其他人的帮助，更为重要的是这种方法不容易出现伤害。

（4）维持人体的平衡能力。身体的平衡能力是人体运动的重要基础，对日常生活起积极作用。平衡能力和其他身体技巧一样，会随着缺乏活动而渐渐减退。要保持良好的平衡能力需要进行锻炼及活动。柔力健身球提供了有效锻炼平衡能力的方法，长期锻炼后身体经常保持基本的平衡能力，将会终生受用。

（5）进行减脂塑形。美国圣迭戈州立大学的生物力学实验室研究人员测试，健身球是 13 种新开发的肌肉锻炼器中最有效的一种。在做健身球运动时，练习者的心率保持在每分钟 115 ～ 135 次，人不会感到气喘，但消耗的热量却达到了每 45 分钟 300 ～ 600 千卡。这让练习者在不觉得太累的情况下减少脂肪，从而达到有效的健身、减脂的目的。而且，柔力健身球对减掉腹部脂肪的作用较为显著。柔力健身球可以使人在不同的平面、不同的方向对腹部进行锻炼的同时，还可以通过球体反复对腹部进行按摩，从而达到有效的减脂塑形的目的。

（6）纠正身体的不良姿势。姿势是身体全部状态、姿态和体位的总和。好的姿势是身体健康的基础，是完成所有动作的基础。柔力健身球本身的特点决定了它在矫正不良的姿势（如腰部过于弯曲、驼背、平背等）中的重要作用。

腰部过于弯曲是由于腹肌被拉长而且无力，造成骨盆前倾。进行健身球练习，可以通过不同的形式，在不同的平面上，运用多种方法，使练习者在轻松的气氛中进行练习，从而缩短腹肌的长度，加强腹肌的力量，牵拉骨盆回到正确的位置，减轻腰椎间盘和腰椎所承受的压力。驼背姿势是由于头、颈、肩关节和脊柱上部的位置发生了改变，胸椎正常的弯曲消失，向后拉肩的肌肉太弱，背部肌肉无力造成的。柔力健身球在牵拉胸、颈肌肉和发展背部肌力方面作用独特。柔力健身球本身具有体积大、可滚动、有弹性的特点，练习者可以靠在球上、坐在球上、仰卧在球上、俯卧在球上，用多种方式、方法牵拉胸、颈肌肉，发展背部肌力，矫正驼背姿势平背姿势是由腰椎弯曲过小造成的。由于脊柱几乎被固定在伸直的位置上，躯干无论是前屈还是后屈，脊柱都很僵硬。运用柔力健身球进行牵拉练习，增大腰椎的弯曲，可矫正这种不良姿势。

2. 特点

（1）老少皆宜，方便实用。健身球操是一项适合所有年龄段人练习的运动，不仅仅包括青年大学生，还包括儿童、中年，甚至老年人也可以进行锻炼，尤其是需要康复治疗的人，它使锻炼者在锻炼时更安全，避免对关节造成强大冲击，避免运动伤害。另外，健身球不受场地的限制，可以在室内也可以在室外，甚至包括在旅行的时候我们都可以来进行练习。

（2）音乐元素的多样性。与其他的健身器械运动相比较，健身球操的音乐伴奏是多元素的，根据身体的不同部位、练习的快慢程度以及套路的不同，可设置不同的音乐。例如训练腹肌时，可以用一些说唱的音乐做一些伸展练习时，我们可以选择一些舒缓的音乐。

（3）趣味性较强。健身球操改变了以往健身过程非常枯燥、乏味的模式化的训练方式，让练习者伴着热烈奔放的音乐，与球一起玩耍。练习者时而坐在球上，时而举起球来做跳跃运动，这些有趣的动作使得整个过程极富娱乐性。

（4）选择的多样性。球的大小是从地板面到球顶端的直径来衡量的。在选择健身球规格时，应充分考虑到练习者的体重与手臂的长短。

（5）一定的按摩作用。健身球操的动作设计力图达到人体与球面的充分接触，健身球是由柔软的PVC材料制成的。当人体与之接触时，内部充气的健身球会均匀地抚摸人体的接触部位，从而产生按摩作用。这有益于促进血液循环，有利于新陈代谢，达到强身健体的锻炼效果，体现其独特的锻炼价值。这是其他健身器材所不具有的特点。

二、健身球操的基本动作

（一）适应性动作

在进行健身球操的练习之前，要进行一些动作练习，来逐渐适应健身球操的力度和方，具体来说，适应性的练习主要包括坐球、躺球以及跪球。

1. 坐球

坐球是熟悉健身球的第一步。先把球置于靠近墙的位置，双腿尽量分开坐在球的正上方，而耳、肩、臀应在一条线上，做到上述要求以后，可以让球远离墙壁坐球。

2. 躺球

躺球这个动作是许多胸部和臀部练习的重要组成部分，这个动作本身可以很好地锻炼人的臀部、腿部和后背部。双腿尽量分开坐在球的正上方。慢慢把腿前移，慢慢将球移至肩部，让臀部抬起与地面平行，颈部与头部很舒服地休息在球上，感觉身体平放于球上。

3. 跪球

跪球这个动作是高级平衡的开始阶段，自信并有效地完成这个动作是发展高级平衡的前提。双腿分开站在球前，轻轻地将双膝置于球上并把双手放在球的上方，把球慢慢前移直到脚离开地面，可以在上面平衡足够长的时间。

（二）稳定性动作

稳定性练习的动作主要包括屈伸肩带、伸展肩带肌、背肌练习、背部伸展、臀部的抬伸练习、稳定蹲坐、单腿稳定蹲坐。

1. 屈伸肩带

像做俯撑一样把膝放在球上而双手扶地，夹臀，头与脊柱保持水平，让肩胛尽量展开再收缩。

2. 伸展肩带

让自己的膝在球上而手在地面，动作有点像俯撑，臀部不要下垂；让头部与脊柱平行，让肩带骨尽量往远处伸。

3. 背肌练习

腹前部置于球上，手与脚分别在前后置于地面，让脚离地并控制。

4. 背部伸展

俯卧于球上，腿尖触地并尽量分开双腿，双手置于体侧，抬起胸部使其离开球并将手翻转使手掌心朝上，尽量让肩胛骨靠拢。

5. 大腿根、臀的抬伸练习

躺在地上，双脚放在球上，双手置于体侧，手心向下，抬起臀部，让脚、骨盆、肩在一条直线上。

6. 单腿稳定蹲坐

在与墙 1 ～ 2 米远处站立，把球放在下背部与墙之间，提起一条腿并让大小腿的夹角成 90°，慢慢下蹲，另一条腿直到大腿与地面平行，双手侧平举。

7. 稳定蹲坐

站在离墙 1 ～ 2 米远处，然后转身把球放在身体下背部与墙之间，人往下蹲直到大腿与地面平行，膝盖对准脚尖方向，保持这个姿势，手不要放在大腿上，而是伸展在体前。

第七节　弹力带健身操

一、弹力带的起源

弹性的阻力训练在 100 多年前，就被应用在健身领域；到 20 世纪 60—70 年代，弹性力量训练工具才被康复治疗师应用在康复训练中；20 世纪 70 年代末期，两位物理治疗师与“Hygenic Corporation”接触，建议使用它们的牙科用橡皮障夹材料用于物理治疗领域，这样比较正规和专业，如此渐进式弹力带训练系统才被制造及广泛应用在康复训练并延用至今。

弹力带有着价格低廉、使用简单、携带便利、活动性强以及不依赖重力为阻力的优点。Thera-Brand 的官方网站的使用手册上，提出了弹力带的渐进式抗阻训练的颜色代码（黄、红绿、蓝、黑、银、金），建议初学者使用黄色和红色，中等程度者使用红色、绿色、蓝色。可以通过站、坐、卧、躺、趴等来锻炼身体各个部位的肌群。常见的弹力带的固定方式有抓握、打结绕环和缠绕来进行固定。

在弹力带的颜色（厚度）的选择上，应当考虑个体自身的初始肌力，若初始肌力未知，则可让受试者试拉弹力带。若可重复完成动作 10 ～ 12 次后，则可以选择此弹力带为初始训练的种类。

在经过一段时间的训练后，可以轻松地完成 10 ～ 12 次后，则可以考虑换到下一个等级的弹力带。

二、弹力带健身操的特点与价值

（一）弹力带健身操的特点

1．方便性

弹力带可以随意折叠或捆绑，携带非常方便。因此，在任何地方、任何时候都可以训练，而且只靠一条弹力带就可以做各种训练，可谓既方便又经济实用。弹力带训练不受任何场地限制，只要有弹力带在身上，就能做训练。

2．主观性

弹力带训练除了能靠弹力带的粗细、使用数量、折叠圈数等本身性质来调整其强度以外，还能靠拿弹力带时双手之间的距离和拉伸程度来决定其负荷。

3．安全性

弹力带是胶质产品，掉在地上不会出现破损现象，也不会损坏周围物品。同时，弹力带健身操大多数出现在健身中心或医疗康复中心，这些康复中心的工作人员能根据女性的身心发育特点创编适合她们的弹力带健身操，因此其安全性较强。

（二）弹力带健身操的价值

1．健身娱乐价值

在倡导全民健身的今天，弹力带健身操作为中老年女性专属健身操，将健身、生活、劳动与弹力带健身操相结合，配以民族风的音乐，让中老年女性置身其中，享受健身操和音乐带来的魅力，愉悦身心的同时，强健了体魄。

2．社会交往价值

它为广大中老年女性提供了一个交流互助的平台，让她们在练习的过程中相互配合、相互促进，来达到共同健身的目的，加强了大家的沟通与交流，进而促进了社会的和谐健康发展。

3．文化传承价值

弹力带健身操是弹力带和健身操的融合，其中加入了民族风的元素，它不仅是“全民健身”运动风貌的积极体现，也可以让练习者深刻感受到民族文化内涵，可以说它是具有民族特色的民族文化的载体。

4．低碳环保运动的价值

如今，很多体育健身活动对体育设施的要求相对较高，比如对于运动的场馆、运动的天气、运动的人数以及体育设施等，都有一定的要求。再者，大多数中老年女性由于受身体条件和思维方式的限制，很少会到健身房等场馆进行锻炼，有些偏远贫苦的地区现有的体育设施陈旧而且缺乏，不能达到全民健身广泛开展的标准。而弹力带健身操可以在室内、室外进行练习，较少受时间、人数、地点的限制。同时，弹力带轻便易携，价格低廉，操作简单。综上来看，弹力带健身操的低碳环保价值是不容小觑。

三、弹力带健身操的推广渠道

（一）政府加大投资力度，不断完善人民的健身环境

随着我国人口老龄化的不断加剧，人民对于健康的需求越来越高，特别是中老年女性，伴随年龄的增长，骨骼和肌力在逐渐减退，她们更加需要更多适合锻炼的场所。为此，政府应当提高重视，以改善民生为己任，加大包括弹力带健身

操在内的大众健身操项目的支持力度，让人们在健身中不断提高自身的幸福感指数和生活质量。通过资金的支持，为人多地少、经济欠发达的地区多提供一些体育健身的基础设施建设，修建一些体育锻炼场所和比较大的人民广场，为更多的人提供一个良好的体育健身环境。

（二）通过多种途径加强广泛的宣传

随着社会的进步与发展，人们对健身的了解渠道也更加丰富，电视、互联网、书籍、报纸、广播等成了人们生活中不可或缺的一部分。首先，可以多播放一些关于中老年女性科学锻炼的一些知识和方法的栏目，让更多的人意识到骨密度的减退，肌力的减退对她们的日常生活造成了哪些影响，如何来预防这样的现象，逐渐转变大家“吃药看病”的理念，不断将科学健身的思想深入人心。接着，在进行这样的理念传递的同时，将中老年弹力带健身操作为能够提高骨密度和肌力的一种健身方法推广出去，通过多渠道的广告植入，让人们更加了解这套健身操，对其有着初步的认识。最后，每年可以举办一次中老年健身操舞的比赛，或者文化交流节，以此来扩大这个项目的影响力，得到更多人的认可。

（三）将弹力带健身操植根于社区体育之中

社区是整个社会集体最基本的内容，是宏观社会的缩影。它是一个开放性的区域，不仅仅依靠社区内部的管理，也和人们的主动意识分不开。如今很多社区都会为社区的居民们开展一些广场舞、太极等活动培训，但如何进一步推广社区体育活动的完善和开展，是需要社区管理制度体系的完善、社区体育文化的丰富，以及人们发自内心渴望锻炼和丰富生活的意识来实现的。

因此，顺利地将弹力带健身操引入社区的体育文化当中是非常重要的。通过居委会的大力宣传和开展体育活动，积极组织社区的中老年女性了解弹力带健身操的重要性，共同练习弹力带健身操。加大对社区体育教练员的培训力度，让他们实实在在地到社区，对中老年女性进行科学正确的体育锻炼的指导，也可以邀请一些专业高校中运动康复、运动营养的志愿者们，将自己所学到了关于预防中老年女性骨质疏松和肌力减退的知识传授给社区的中老年女性。通过这样的行动，让社区的体育文化影响周边，以点带面，从而推动中老年弹力带健身操的发展。

四、弹力带健身操基本动作练习

（1）双手各抓住弹力带两端，左脚向前踏出一步，右脚脚尖踮起，同时双臂向上举起。然后右手向侧下拉弹力带

（2）接着右脚踏向前，同时弹力带绕到头后，两手屈肘夹紧身体。接着左脚向前踏时双臂向前平举。

（3）然后左脚在前，右脚在后踮起脚尖，双手微微屈肘，弹力绳绕过头顶回到前方。当右脚踏向前时左手向前伸，同时右手屈肘向后拉弹力带。

（4）右脚在前，左脚在后垫脚尖，弹力带绕到身后，两手屈肘，肘部向外打开，从腋下拉住弹力带两端。然后双臂向上拉直弹力带。

（5）接着再次左脚向前踏，两手放下屈肘夹住身体，同时将弹力带绕在颈部后侧。然后双臂向斜下方伸直，拉伸弹力带。

（6）屈肘放松，将弹力带绕回胸前，双臂伸直抓住弹力带两端。接着双臂向侧打开，与肩膀同高，拉伸弹力带。

参考文献

[1] 李芳芳．健美操的起源与发展综述 [J]．搏击（体育论坛），2012（10）：82-83．

[2] 严龙．健美操运动的生理学基础 [J]．科海故事博览（科技探索），2011（11）：203．

[3] 张焕臣．大学体育健美操训练课的理论问题 [J]．中国科技信息，2008（23）：202+205．

[4] 郭龙．健身健美操比赛队形变换的创编 [J]．学子（教育新理念），2014（9S）：78．

[5] 王娟．健身健美操比赛动作的创编与训练 [J]．新校园（学习），2011（6）：165．

[6] 龚敏．高校健美操课程的发展趋势 [J]．神州，2019（8）：108．

[7] 贾雪轲．大学健美操教学中心理训练的发展趋势探究 [J]．拳击与格斗，2020（8）：62．

[8] 田茂林．我国大众健美操运动的民俗化趋势 [J]．当代体育科技，2019（27）：166+168．

[9] 陈佳．关于核心力量对健美操动作的影响分析 [J]．中外企业家，2020（17）：238．

[10] 杨烨，李春鲜，李井环．竞技健美操成套动作编排的创新分析 [J]．拳击与格斗，2020（6）：72．

[11] 曹丽珍．健美操教学对体育教育技能的培养 [J]．教育研究，2020（7）：198-199．

[12] 胡陶艳．浅谈健美操在叙永县的发展趋势 [J]．体育风尚，2019（4）：253．

[13] 欧阳荣，敬龙军，张铁雄．我国健美操训练研究热点的可视化分析 [J]．体育科技文献通报，2020（4）：161-165+170．

[14] 石建慧．我国高校健美操运动的现状及发展态势的研究 [J]．文体用品与科技，2019（23）：49-50.
[15] 张辉平．基于竞赛规则演变视角下竞技健美操运动发展的探析 [J]．当代体育科技，2019（3）：219-220+223.
[16] 徐丽．基于全民健身背景下青少年健美操教学优化探讨 [J]．青少年体育，2019（11）：109-110+112.
[17] 邓建淋．多媒体技术结合 PBL 教学模式在健美操教学中应用 [J]．教育现代化，2019（34）：152-153.
[18] 陈佳琪．全民健身视角下健美操产业的发展研究 [J]．辽宁体育科技，2019（2）：23-25.
[19] 赵钰铮．高校竞技健美操运动员膝关节运动损伤原因及预防 [J]．体育科技文献通报，2020（5）：54-55.
[20] 梅婷．高校健美操运动损伤调查及预防研究 [J]．青少年体育，2019（7）：129-130+126.
[21] 苏凡．健美操专项学生运动损伤的原因调查及对策分析 [J]．文体用品与科技，2019（24）：187-188.
[22] 饶欢．健美操运动损伤及预防对策研究 [J]．当代旅游，2019（2）：279.
[23] 刘津津．健美操运动损伤的现状与预防措施研究 [J]．拳击与格斗，2020（4）：74-75.
[24] 宋忠明．健美操运动员运动损伤的研究 [J]．拳击与格斗，2019（14）：150.
[25] 李琴．试论功能力量训练对防治健美操运动损伤的影响 [J]．体育世界（学术版），2015（3）：137-140.
[26] 王虹麟．浅谈健美操常见的运动损伤及防治 [J]．文体用品与科技，2018（5）：168.